とがったリーダーを育てる

東工大「リベラルアーツ教育」10年の軌跡

池上 彰
東京工業大学
特命教授

上田紀行
東京工業大学
リベラルアーツ研究教育院長

伊藤亜紗
東京工業大学
未来の人類研究センター長

738

中公新書ラクレ

もっと理系のリーダーを——はじめに

危機に直面すると、その人の実相が見えてくると言います。それは国家も同じこと。新型コロナウイルスの感染拡大に当たって、日本社会の弱点が明らかになりました。

「ＧｏＴｏトラベルが感染を広げているというエビデンスはない」と言ってしまう政治家。ＧｏＴｏトラベルは開始されたばかりなのだからエビデンスなど、まだ集まっていないのに。

「ウソみたいな本当の話」と前振りをして、「ポピドンヨードでうがいをすると口の中のウイルスが減少することがわかった」と発表するリーダー。水でうがいした人と比較するならわかりますが、この発表によると、うがいをしていない人と比較したという。うがいをしていない人と比較したら、うがいをした人の口の中のウイルス量が減るのは当たり前。ポピドンヨードに効果があるかは、これでは不明です。

スマホの位置情報を使って感染者と濃厚接触していたかどうかが判断できるという謳い文句で導入されたアプリ「COCOA（ココア）」が機能していないことに気が付かなったという官僚のお粗末さ。ソフトについての基礎的な知識のない人たちがアプリを発注すると、こんなことになってしまうのです。

大規模接種会場でのワクチン接種と、各自治体で実施するワクチン接種との情報が別々で連動していないため、二重予約ができてしまうという混乱ぶり。

日本の政治や行政の現場に、科学的な知識や論理的な判断力のある人は、いったいどれだけいるのでしょうか。理系の人間はどこにいるのだと叫びたくなります。

一方の台湾。デジタル担当大臣のオードリー・タン氏は、天才ＩＴ技術者。感染が始まると、マスクをどこで買えるか確認できるアプリを瞬く間に開発して、混乱を鎮めました。こうした理系の人材が政権にいると、感染対策もスムーズに進みます。

ドイツのアンゲラ・メルケル首相は、もともと物理学者。論理的に筋の通った語り口で国民に感染予防を呼びかけ、多くの共感を呼びました。

世界には、こうした理系のリーダーがいるのに、なぜ日本は……と嘆きたくもなろうというものです。

日本はこれまで高校時代に文系と理系に振り分けられてきました。結果、数学など理系の知識が乏しい人たちが官僚になったり、政治家になったりしてきました。

理系の学生たちは、世の中のことに無関心で、目の前の興味あることだけに取り組んでいる。こんな分断が続き、それがコロナをめぐる混乱となって露呈したのではないかと思います。

これではいけない。日本のリーダーにもっと理系の人材を。そんな思いを込めて東京工業大学ではリベラルアーツ教育に取り組んできました。いまの日本社会の体たらくを見るにつけ、私たちの取り組みは間違っていなかったのだと痛感します。

さまざまな取り組みの結果、見えてきた目標は、「とがったリーダーを育てること」でした。それはどんなものなのか。東工大でリベラルアーツ教育に取り組んできた三人が、その軌跡を語ります。この体験談が、少しでも参考になれば幸いです。

２０２１年７月

池上 彰

目次

第4章

鼎談　どうしたら日本社会でリーダーが育つか？

池上　彰×上田紀行×伊藤亜紗

編集協力（第1・4章）／田中順子
図表作成・本文DTP／市川真樹子

第1章

教養は必要なのか？

池上　彰

1　強烈な違和感

コロナ禍と専門家

新型コロナウイルスの世界的な流行で、日本も大混乱の渦中にあります。コロナ禍によって私たちは、これまで常識だと思っていたことが次々とくつがえされるという経験をしています。その一つに、「専門家」と呼ばれる人たちに対するこれまでのイメージが大きく変化したということがあげられます。

今回のような未知の感染症の世界的流行といった非常事態のもとでは、こういう対策を講じれば必ずこういう効果がもたらされるといった、いわば正解のような対応策はありません。誰も正解がわからないなかで、少しでも良い方向に向かうように試行錯誤を繰り返すしかありません。

これまで私たちは、「専門家」と呼ばれる人たちの言うことは正しいと、漠然と信じていました。その道のプロなのだから、間違ったことは言わない、だから彼らの言うことが絶対でファイナルアンサーなんだと、一般には思われていました。だから専門家の言うことには従ったほうがよいのだと。

ところが、今回のコロナ禍というまさに危機的状況のなかでは、専門家といえどもその知識は決して絶対的な正解などではなく、すべては条件付き、カッコ付きのもの。それが本当にいいのかはわからないけれども、この危機に立ち向かうためにとりあえずやってみるしかない。そういう事態を、いま私たちは経験しています。

これは何を意味しているのでしょうか。専門家に対する、非専門家の私たちの態度が変化しつつあるのではないでしょうか。これまでの、専門家の言うことは正しいから従うという態度から、専門家の知識を運用して事態を少しでも良い方向にもっていこうという態度へ変化が起きているということではないでしょうか。

社会の中の専門家像にこうした変化が起きると、専門家と呼ばれる人たちの側にも変化が求められます。

自分たちはこの分野の専門家なのだから、常に正しいことを言わなければならない、間違ったことを言ってはならない、と考えていたら、ファイナルアンサーが出るまで何も言えません。でも、それでは今回のような危機的な非常事態においては、なんら専門的知識や能力を社会のために役立てることはできません。正解をどこまでも探求し続けているあいだに、取り返しのつかない事態を招いてしまうでしょう。

もちろんエビデンスをきちんと提示して「正しいことを言う」というのは重要なことです。しかし、専門家の態度として、刻々と状況が変化する中では、「進みながら考える」ことができなければなりません。試行錯誤の中で最善の策を考え説得力をもって提言するということが、専門家の力量としてきわめて重要であるということが、今回のコロナ禍でよくわかったのではないかと思うのです。

どうでしょうか、日本の専門家と呼ばれる知的エリートの人たちに、そうした力が備わっているでしょうか。とくに科学的根拠や科学的合理性が求められる今日の状況では、理系の専門家の役割は重大です。

そもそも教養とは？

複雑さを増す現代社会では、知識はどんどん細分化されバラバラな状態で存在しています。どれだけ多くの知識が蓄積されていても、その知識をその時々の状況に応じて自由に運用する力がなければ、知識は無駄になってしまいます。多くの知識を知っているだけでは、これは単なる「物知り」です。「物知り」は、クイズには答えられるかもしれませんが、刻々と変化する状況のなかで、さまざまな情報をつなげて問題を解決するというときに、それだけでは通用しません。多様な知識を運用する力、これこそが現代社会を生きるうえできわめて重要な能力なのです。

たとえば、新型コロナウイルスに関して、マスメディアを通して、あるいはＳＮＳ上で、さまざまな情報が流れてきます。何が正しいのか、どの情報を信じていいのか、わからなくなります。あの人はこう言っている、けれどもこの人はこう言っている、こういう見方もあればああいう見方もある。でも、ここでさまざまな情報の渦に巻き込まれて思考停止してしまったら、何もわからないままです。

いったん冷静になって、バラバラな情報や知識を、ならべてみたり、つなげてみたりしてみましょう。すると、この知識とあの知識は矛盾しているように見える、さらに別の知識を合わせてみると、「やはりおかしいぞ。これはフェイクだ」と気づくことができます。

このようにしてバラバラな知識を運用する力、これが「教養」の力であると、私は思います。

そういうものを、専門家であろうが非専門家であろうが関係なく、理系も文系も同じように身につけていかなければなりません。

理系専門家と文系キャスターへの違和感

理系の専門家と呼ばれる人たちの言説に対して、私は違和感を覚えてきました。きっかけは2011年の東日本大震災のときの報道です。

じつはその直前に私は、テレビのレギュラー番組を全部やめ、もう一度勉強し直そうと思っていました。アウトプットするだけではなく、ここはインプットをしないとだめだと思って、学び直しを心に決めていたのです。ところがそう思っていたところに、東日本大震災が起きました。レギュラー番組から徐々に離れていたので、私は多くの人たちと同じように一視聴者としてあの大惨事の動向をテレビで見守っていました。

そこで私は強烈な違和感に襲われたのです。福島の原発事故が起きたときに、東大工学部や東工大工学部の先生が次々と出てきて、原子炉について説明するわけですが、専門的な用語ばかりで、いったい何が起きているのかまったくわからない。「ベクレル」とか「シーベルト」とか、それが何を意味するのか、すぐには理解できません。我々の世代は放射線の単位といえば「キュリー」ですから、それがいつの間にか「ベクレル」や「シーベルト」になっていた。これでは専門知識のない素人には、工学部の先生たちの解説がよく理解できないではないかと思ったのです。

番組のキャスターたちは文系出身者ばかりですから、NHKでも民放でも、専門家が言ったことに対してどう反応していいかわかりません。でも、「わかりません」と言うと無知と思われそうだし、うっかり質問すると「そんなことも知らないのか」と馬鹿にされるかもしれない。キャスターにもプライドがあるので、専門家の言うことがわからなくても「なるほど。ありがとうございました」とやり過ごす。そんなテレビでの震災報道を見ていて、「なんなんだ、これは!?」と思ったのです。NHKの水野倫之解説委員だけは、それまでNHKの科学文化部に所属して、原子力に関する取材を積み重ねてきましたから、安心して見ていられましたが、これは例外です。

そこではじめて、「そうなのか、日本ではこれほどまでに文系と理系の知が分断されているのか」という問題意識が芽生えたのです。

もちろん私自身も、この事故では急遽、テレビ番組に出演しました。ある番組で、某大学の工学部の先生が、放射線による影響について解説するさいに、「ヨウメン」「ヨウメン」と言うのです。聞きなれない言葉で何のことだろうと思ったのですが、そのときの文脈からおそらくそれは「葉面《ようめん》」のことだろうと推察した私は、すかさず「あ、ヨウメンというのは、葉っぱの表面のことですか?」と質問しました。すると「はい、そうです」と。その先生はさらりとかわしてまた難解な解説を続けようとする。私も負けじと、わからない言葉が出てくるたびに「それって、何ですか?」と、聞き続けました。

しかし、他のキャスターやアナウンサーであれば、「ヨウメンって何ですか?」とはなかなか聞けないでしょう。「ベクレルとシーベルトってこういう違いですね?」みたいなことも聞かない、聞けないわけです。背後には、文系の人たちは理系のことは何もわからない、という劣等感があるように思います。たとえば確率は文系にとっては苦手領域のようで、その話が出てくるともうチンプンカンプンだったりします。平時であれば事前にわかりやすい説明にしたり、註釈を入れたりといった準備ができますが、非常時の報道ではそうはいきません。原発事故が起きているさなかの報道で、放射能と放射線と放射性物質の違いもわからなかったりするのは、これはもう論外です。これではいかんと、心底思いました。

文系の人たちは、もっと理系のことを知らなければいけないし、理系の専門家の人たちも、もっと文系の人たちにわかるような説明ができなければいけない。文系と理系の知が分断されている状態は深刻な問題である、文系と理系はつながりを持たないといけないと、震災報道に接して問題意識を持つようになりました。

では、文系と理系の架け橋になるものは何かと考えたとき、それも知識を運用する力すなわち教養なのだろうと思うのです。

リベラルアーツはまだ日本化していない

震災報道を通して、理系と文系の知の分断がいまや深刻な状況であること、そしてそれらの知をつなぐのは教養の力であるはずなのだが、今の日本人にはその教養が決定的に欠けている、そう痛感し、現状に危機感をつのらせていたとき、それまでほとんど縁のなかった東工大から、意外なオファーをいただきました。

東工大には、まさに東日本大震災が起きた２０１１年その年に、「リベラルアーツセンター」という教養教育のためのセンターが創設され、私にそこの教授になってほしいというのです。そして「理工系の東工大の学生たちに、文系的な知識である社会や政治や経済の常識やコミュニケーション力を教えてほしい」と。細かい経緯は後述しますが、いやはや「なぜ、この私が？」ととても驚いたのを憶えています。

しかし同時に、理系と文系の分断への問題意識、教養の欠落への危機感は、私だけが持っていたものではなく、日本トップの理工系大学である東工大の方々においても同じ問題意識を持っておられるのだと、心打たれた思いでした。

２０１２年２月に、私は同センターに教授として着任しました。その後、いろいろな大学が「リベラルアーツ」を学部や学科、専攻の名称にしたり、「文理融合」を真剣に考えたりするようになりました。東工大が旗振り役になり、多くの大学人が教養の大切さに気づいたというのは、東工大の功績だと思います。東工大が文系中心のリベラルアーツに力を入れるという、そのミスマッチ感、意外感が社会から注目されたことは確かです。

ところでこの「リベラルアーツ」という言葉ですが、日本語では「教養」と訳されることが多いですね。しかしながら東工大でも「教養センター」とは言わずに「リベラルアーツセンター」という名称を掲げたことにもあらわれているように、「リベラルアーツ」という言葉は、いまでも外来語のままカタカナで表記されています。つまり、まだどうも完全には日本化していないということなのでしょう。

「リベラルアーツ教育」も、「教養教育」という日本語が意味するものとはやはり違うように思います。そう考えると、本当はしっくりとくる日本語になってこそ、最終的に定着するのかなという気はしています。

教養とは、数式にない「言葉の教育」

言葉の問題について言えば、現代社会において言葉は軽視され乱用される方向に急速に進んでいます。フェイクニュースが一国の政治を動かしてしまうほどの力を持つような時代です。そういう時代に、エビデンスをきちんと提示していく理系の専門家の責務は重大です。

私は、東工大に来て、この「言葉の力」というものを、理系の学生にこそ知ってもらいたいという気持ちが一層強くなりました。

どうも東工大の理系エリートの皆さんは、あらゆる事象を数式で語ろうとしたり、数式であらわすことで言葉を介さずに互いに納得したりする傾向が強い。学生と話していると、「これは要するに数式にするとこうでしょ」という発言をよく聞きます。そして書かれた数式を見てみんな納得し合う。そういうとき私はすかさず、「いやいや、日本語でちょっと語ってみようよ」と言って、彼らのコミュニケーションに割って入り、言葉の世界への扉を開こうとします。それは彼らにとって、「言葉で伝える」、「言葉で分かる」という経験が必要だからです。

ジャーナリストは、「言葉で伝える」ことが使命です。ときに「言葉で勝負する」こともあります。理系の人にも、言葉で勝負できるようになってほしい。数式で説き伏せ黙らせるのではなく、言葉で説得する力を養ってほしいと思うのです。

数式も言葉も、ともにコミュニケーションの一つの方法ではあります。数式にするということは、あらゆる無駄を取り払って物事を単純化しその本質に迫ることです。そして「本筋はこうだよ」と表現する。その本筋にたどり着く過程で、枝葉は見事に刈り取られてしまう。でも、枝葉が実はとても大事なのです。

なぜ枝葉が大事なのか？　それは、世の中は多くの場合、その数式通りに動かないし、数式通りの結果にはならないからです。たとえば金融の世界で起きた大惨事、リーマンショックは、ブラックショールズ方程式という金融工学の理論を駆使してその計算に従っていった結果、思いもよらぬ破綻を招いてしまいました。結局、あの数式だけでは十分ではなかったということが明らかになりました。数式と現実のズレというのは、そこかしこで起きています。数式や理論への過信が、惨事につながるのです。

そこからわかることは、枝葉として切り落とされた部分も、世の中の動きを左右している、ということです。人間の心理、恐怖心であったり、猜疑心であったり、怒りであったり、妬みであったり、そういうものによって、実は金融の世界も動かされているということなのです。それゆえにこそ「数式」という形にする過程で切り落とされてしまう枝葉末節を「言葉」で補うということがとても大事なのだろうと思うのです。

理系のほうが越境力は高い

数式と言葉についてもう少し議論を進めましょう。かりに数式を理系の武器、言葉を文系の武器と考えてみたときに、キレ味の良さはやはり数式のほうが上でしょう。そこに理系の強みがある。これは、東工大の理系エリートと接する中で私が実感として感じていることです。

「数学や物理は得意なんだけど、政治とか経済とかはからっきしダメ」と言う東工大生に、私はよく言います。「いや、あなたたちのその理系のキレ味があれば、実は政治にも経済にも深く切り込んでいけるんだよ」と。ガリガリ、ゴチゴチに文系の知で固まった人たちに、数学や物理をあとから教え込もうというのは困難だと思われるので、文理融合というときに、むしろ数学や物理の素養のベースの上に社会科学系の知を身につけることのほうが、越境力は高いのではないかと思います。

とくに現代のように、テクノロジーが社会に劇的な変革を起こすような時代にあって、理系の知は社会のありようや変容を理解するうえで基礎的な知であるともいえます。その意味では、今の日本の政治家、官僚、企業経営者に、もっと理系の人間が入ってしかるべきなのです。

理系の学生に、なぜ理系に進んだかと聞くと、「暗記科目が苦手で嫌いだったから」という理由を答える人が多い。とくに歴史、地理などがその暗記科目にあたる。でも、実際に東工大の学生たちと話していると、歴史好きな学生は意外に多かったりするのです。

そこで私は、東工大の講義で、歴史については徹底して「因果律」や「作用・反作用の法則」を使って説明するようにしています。歴史上の事件や事象も、それが起きた背景には必ず「Aが起きたから、Bが起きた」という因果関係があると。どんな出来事も、力学でいうところの作用と反作用によって起きているのだと、説明します。すると、暗記科目だと思いこんでいた歴史が、まったく違うものに見えて身近に感じられるようになる。突然、「先生、歴史ってこんなに面白いものだったんですね」と言ってくる学生を何人も見てきました。そうやって苦手意識をほぐしてあげれば、十分わかってもらえるし、「機械工学専攻の歴史通」になることもできるのです。

こうした理系の人にとっての暗記科目の苦手意識や、かたや文系の人にとっての数学や物理の苦手意識は、おそらく高校時代から、もしかしたら中学時代からその人の中に蓄積してきたのでしょう。「私は暗記科目が苦手」とか「僕は数学ができない」とかいった劣等感となってその人を苦しめることになってきたのかもしれません。そんな思いこみに縛られるのは、ナンセンスです。

東工大での授業で私は、学生たちにまずはそういった呪縛から解き放たれてほしいと思っています。苦手意識や劣等感をぶち破って、リベラルアーツ科目は苦手科目などではないし、自分の得意とする領域からそれらの科目に自由に切り込んでいっていいんだと思っています。

理系ならではの高度な分析力や解析力をもってしたら、たとえば現在の複雑な国際政治の力学を解き明かすことにも貢献できるかもしれない。「政治学なんて僕らにはまったく縁のない世界だ」と思いこんでいたら、そういう芽は出てきません。その思い込みを変えて、リベラルアーツに目を開きまさに自由に知識を我が物にしてほしいと願いながら講義を行っています。

2　東工大でのストーリー

オファーに驚く

さてここからは、私がリベラルアーツセンターのメンバーに加わるようになった経緯についてお話しします。

「東工大にリベラルアーツセンターというのができたので、池上さんにぜひ来てほしい」

2011年の秋のことでした。東京・赤坂のとある喫茶店で、桑子敏雄先生（当時リベラルアーツセンター長）とお会いして、いきなりこう切り出されました。

東工大といえば、日本でトップの理工系大学です。全国から選りすぐりの理系エリートが集まるその大学に、文系のリベラルアーツを教えるセンターがあるという話だけでも意外感があったのに、この私にそのセンターの専任教授になってほしいという。正直、たまげました。

私はＮＨＫ「週刊こどもニュース」という番組の初代お父さん役を務めた後、ＮＨＫを辞めてフリーランスになり、民放のさまざまな番組でニュースを解説する仕事をしていました。以前は「こどもニュース」で子どもたちに教える仕事をしていたとはいえ、同じ教えるにしても、相手は日本有数の理系エリート大学生たちだというので、「ええ〜、なんで私が？」と思いました。

これは後から聞いた話ですが、私がオファーを断っていたら、次なる専任教授就任依頼の候補者は、歌舞伎界の坂東玉三郎さんであったそうです。東工大の教壇に玉三郎教授が立つ姿を想像しました。美しくも張りつめた空気が教室を満たしたことでしょう。そのことをお聞きしてびっくりしましたが、同時に、リベラルアーツセンターの本気度が伝わってきて緊張しましたね。理工系の実学的で現実的で実利的な大学に、言論や芸術の力が求められている、そのことの深い意味を、着任後に私は身をもって知ることになります。

「よし、恩返しだ」

東工大からのオファーをいただく少し前に、私は60歳の還暦を迎えていました。還暦とは、暦がぐるっと一周回って元に戻るわけですよね。「赤いちゃんちゃんこ」がプレゼントされるというのは、要するに赤ちゃんに戻るという意味です。

そのとき、はたと考えたのです。自分が社会に出てここまでくることができたのは、もちろん親のおかげもあるけれども、日本の学校制度のもと大学までいろいろな教育を受けて、そこで学んだことの土台があったからだと。60歳で人生ひと回りしたのであれば、このあとは何か世の中に恩返しする立場なのではないだろうかと。そう思って恩返しとして何ができるだろうかと考えたとき、結局、自分が得てきた知識や世の中の見方を若い人たちに伝えること、それしかないと。そしてそれが社会への恩返しになるのであれば、その役回りを担おうと、60歳にして初めてそういう認識を持ちました。

そんなことを考えていたところで２０１１年の東日本大震災が起きた。そして、先ほども言ったように、震災報道の混乱を目の当たりにして文系と理系の分断をなんとかしなければいけない、そのためには教養の力をつけなければならないという問題意識に突き動かされていたときに、東工大からオファーをいただいたというわけです。問題意識への挑戦と社会への恩返しの両方が東工大で実現する、まさにピッタリのタイミングでした。迷いもありましたがオファーをお受けすることにし、２０１２年に私は東工大リベラルアーツセンターの専任教授に就任しました。

そこで思い出したことがあります。私がまだ「こどもニュース」を担当していた時代、東工大の学園祭で講演してほしいという依頼が学園祭実行委員会の学生たちからあったのです。なんで私が、と思ったら、「私たちは社会科が苦手で、世の中のことについてよく知らないんです。私たちの視野を広げるような話をしてください」ということでした。このとき、東工大の大岡山キャンパスに初めて足を踏み入れました。東工大の学生諸君にも、私の話を聞きたい人たちがいたことを思い出したのです。

「週刊こどもニュース」が人生の岐路

ジャーナリズムの現場から、大学という教育の現場に移ったのですが、人に教えるということにおいては、「週刊こどもニュース」での経験が大きな力となりました。小学生、中学生に、世の中の出来事やさまざまな仕組みをできるだけわかりやすく教えることを通して、みずから学びますし、世の中の仕組みが見えてくるのです。

たとえば、オウム真理教事件が起きたとき、子どもたちからは「サリンってどうやって作るんですか」、「逮捕状は誰が出すんですか?」といった質問が次々寄せられます。あるいはオウム真理教の弁護士がテレビに出ているのを見た子どもから「なんで悪い人に弁護士が必要なんですか?」と。どれも非常に素朴な質問なのですが、子どもたちがわかるように説明するにはどう答えればいいのか、簡単ではありません。

「逮捕状は警察が出すんじゃないですよ、裁判所が出すんですよ」と教えるだけではすみません。なぜそうなのか、それは警察が自分で逮捕状を出せたら警察が勝手なことをどんどんできるようになってしまう恐れがある。そこで、警察の暴走にブレーキをかける第三者の目ということで、裁判所が逮捕状を出すという仕組みになっていると。そして、司法制度には、そうした権力の暴走に歯止めをかける役割がある、というところまできちんと説明する必要があります。こうして子どもたちが「わかった!」と言ってくれるまで内容を嚙み砕いて、原稿をつくります。

私は、この経験を重ねるなかで、人間が社会をつくるうえで、知識や情報がどのような役割を担っているかを子どもたちの姿から学びました。一人ひとりが十分な情報を得て、一人ひとりが自分の頭で判断できてこそ市民社会が成り立ち、そういう市民社会であってこそ民主主義が成り立つのだということを強く意識するようになったのです。こう言うと青臭い理想論のように聞こえるかもしれませんが、できるかぎり一人ひとりが自分の頭で考えられるように、そのためにきちんとした情報や知識をしっかりと教え伝える、そのお手伝いをしていこうと思いました。

東工大からのオファーを引き受けることで、私にとっては、日本有数の理系エリート学生たちに世の中の仕組みを教えるという仕事への扉が開かれたことになります。

東工大生の理解力にジャーナリスト魂が燃える

２０１２年４月から講義がはじまりました。東工大の学生たちの最初の印象は、とにかく優秀で、打てば響くというのはこういうことだな、と思いました。なにしろそれまでは小学生、中学生が咀嚼できるまで嚙み砕いて、やさしい言葉に言い換えて、ということを延々とやっていましたが、東工大生にはそういう気遣いをまったくせずに、普通にしゃべるだけで相手は理解してくれます。行間を読んでくれたり、先読みをしてくれたりすることさえある。そのことがまず、なんて心地いいのだろうと嬉しくなりました。

ところが、あるときふと気づきました。そうか、こういう優秀な学生ばかりを相手にしているから、東工大や東大の先生の言っていることはわかりにくいのだ、と。難しい言葉を使っても、相手が十分に理解してくれるので、物事をわかりやすくして相手に伝えようという意識や、その能力がどんどん失われてしまうのだ。ジャーナリストの私としては「これはまずい」と思いました。そこで、東工大だけにかぎらず、招かれたらいろいろな大学で教えることを積極的に行うようにしました。複数の大学で教えることで、バランスをとっていこうと考えたのです。

「頭がいい」はほめ言葉か？

初年度は物珍しさからか、日本の現代史と世界の現代史の2つの授業に800人と900人という多数の応募があって、初回講義は特例的に講堂を使わせていただきました。そこで、次回以降、本気で履修したい人は、なぜ履修するかの志望動機を書いてきてくださいと、ミニレポートを課しました。そのレポートを見て人数を絞ろうと思ったわけです。

それでいよいよ講義が始まったのですが、双方向に授業を進めていくと、いろいろ気になるところが見えてきたのですね。たしかにみな本当に「頭がいい」。向学心も好奇心も旺盛で、与えられた問いには熱心に取り組み問題を解こうとします。しかし、「頭がいい」ということには、いろいろな条件がくっついているものだということがわかってきたのです。

たとえば、頭はいいけれども視野が狭いとか、「とにかく正解は一つだ」という頑な発想から外に出られていないとか、頭はいいのにまったく疑うという姿勢がないなど、「君たち、それはだめだよ」と私は最初からかなり否定的な言葉を学生たちに浴びせました。途端に、「池上教授　東工大生をディスる」みたいなツイートが投稿されてしまいました。そういう私の講義をそのままツイート中継する学生もいました。

初年度の試験は、８００字で「戦後日本を総括するような○○について、あなたの考えを述べなさい」といった、かなり難度の高い問題を出しました。すると、何を書いているのかさっぱりわからない答案、そもそも文章を書く作法をわかっていないような答案など、どう採点してよいかわからないものが続出しました。これはいかんと思い、容赦なくバッサバッサと落としました。

そうしたら瞬く間にツイッター上に「池上は鬼だ」といった投稿が次々と上がりました。「あんな非情な先生の講義はとってはダメだ」という悪評が広まり、次年度の履修者が激減しました。2年目には教室の収容人数の230人ちょうどくらいになり、3年目には150人まで減って、最後の年の2015年は約50人でした。

東工大生から学んだこと

東工大で教えてみると、何かを議論するとき「曖昧な言葉遣いはせずに、定義をきちんと示す」ことが求められます。あるいは「エビデンスはどこにあるのか」と、学生たちからは常に問われます。そうした学生たちの反応は、私にとっては多くの学びにつながっていきました。「なるほど、そうくるか」という反応が講義中にも結構あって、刺激的で面白く、本当に収穫は多いと思います。

反面、エビデンスがないものに関して語れないというネガティブなところもあります。社会学の領域では、たとえば世の中のトレンドを見るには、エビデンスはまだ集まっていないけれども「今、世の中はこう動いているのではないか」と仮説を立てて、そこからエビデンスを探しに行くことになります。「世の中、こうじゃないの？」と言ったりすると、「エビデンスがないですね」と返される。あるいは「きちっと定義してください。定義がないと議論できません」と言われます。そう言われると、たしかに感覚的な予測だったり表現だったりするので反論できず、「は、はい、すいません」と言うしかないときもあります。

みずからの信条は「すべてを疑え」

思い返せば、私は大学生のときに、とてもいい先生に出会っています。いつの時代も、いい先生とそうでない先生はいるものです。私は慶應義塾大学経済学部で経済学を学んだのですが、そこで3人の先生から、本物の学びを得たように思います。

一人は社会思想史の白井厚先生でした。白井先生は毎回90分授業で、社会思想史を形成してきた過去のさまざまな学者について、一人ずつその思想や時代背景を解説し、その現代的意義を考えさせます。毎回ワクワクするような授業でした。

二人目は経済学の北原勇先生で、私はその先生の研究ゼミに所属しました。北原先生の口癖は「すべてを疑え」、学問のうえではすべてを疑ってかかれというのです。「権威ある学者の論文や著書であっても、それを安易に信じてはならない。そこに書かれていることが本当かどうか、まずは疑う態度が重要だ」と。実際のゼミでも、仲間の主張に遠慮なく反駁せよと言われ、「すべてを疑う」という学問への態度を徹底的にたたき込まれました。ゼミ仲間の報告に対し、私が厳しく問題点を指摘したところ、先生は大喜びでした。

そしてもう一人、大学2年のときに科学哲学の持丸悦朗先生の「経済学方法論」という教養ゼミを履修しました。この授業も毎回楽しみに受けていました。内容は、科学哲学の理論から経済学における方法論を読み解いていくというものです。私にとっては面白いのですが、毎回とにかく話が難しいので、最初は十数人いた受講生が次々と脱落して最後は3人になって、先生とほぼ1対1で議論していました。

この3人の先生にはいまでも感謝しています。いっぽうでそれ以外の授業にはほとんど出ずに、たいていは図書館で本を読んで勉強していました。

北原先生の薫陶のおかげで、「疑う」ことが教育における核であると、私も思っています。それは「健全な懐疑心を持て」ということです。疑うにもいろいろな意味がありますが、猜疑心ではなく、懐疑心を持つことが大事なのだと思います。猜疑心では友だちをなくしますからね。東工大の学生にも、あらゆることに対して、鵜呑みにせず、その前提に対して健全な懐疑心をもってあたれと、言っています。

懐疑心を養うのは難しい

では疑うという姿勢は、どのように養うことができるのか。そこは、とくに現在の状況を考えると難しいものがあります。疑うことは反駁することであり反抗的な精神とともにあるものです。

いっぽう近年の日本社会では、空気を読むこと、共感することが、能力として重視され、同調圧力は相変わらず強い。そんな社会の中で、いったいどうやったら反抗精神や批判精神の大切さを自覚できるようになるのか、悩ましい問題です。

東工大に着任して早々の入学式で目にした光景は、その難しさを印象づけるものでした。大学の入学式に両親、そして祖父母も出席し、東工大のシンボルである時計台の前で学生本人を囲んで記念撮影をしているではありませんか。見ると、撮影の順番を待つ長蛇の列ができている。わが子、わが孫が、晴れて東工大に入学したことを誇らしく喜ばしく思う気持ちはわかりますが、私の学生時代には、大学の入学式に親が来るなど考えられないことでした。携帯電話で撮った写真をすぐさまSNSに投稿して満足そうにしている新入学生たちの姿に、私はショックを受けました。

反抗期という精神の発達段階があることからも、反抗的な態度や批判的な思考は、まず両親に向かって芽生えるということがあると思うのですが、今の若い世代にそういうものがないとしたら、彼らに向かって「まずは疑う」ということの意味をどう伝えたらいいのか、これは相当に難しいぞと思いました。

学生だけではありません。全学生に向けた講演で、私が「すべてを疑え」と話したことに対して、他の先生から、それはちょっと困るというコメントをいただき、次からは言い方を変えるといったこともありました。私の話を聞いた学生たちが、他の先生の講義やゼミで先生の揚げ足ばかりとるようになってむしろ学びが妨げられてしまう、というのです。なるほど、それはよくないなと思い、翌年の講演では、「実は去年、『すべてを疑え』と言ったら、その私の『すべてを疑え』という言葉を疑わなかった人ばかりだった」という話をしたのです。

クレタ人のパラドックスというよく知られた逸話があります。「クレタ人は嘘つきだ」とクレタ人が言ったとき、これは真か偽か。論理のジレンマのような逸話です。それと似たロジックを使い、「すべてを疑え」と言った私の言葉を疑わなかったみなさんはとても素直であると、話を展開してみました。その真意が伝わったかどうか……、時間はかかりそうです。

就活で銀行とメディアが天秤にかけられる時代の大学教育

「疑う」という態度について、もう少し視野を広げてみると、日本人全体がある時期から疑わなくなってしまったのだと思います。そのことを強烈に感じたのは、まさに日本経済がバブルに沸いていた1980年代後半の時期ですね。

当時私はNHKで首都圏ニュースのキャスターをしていたのですが、新人ディレクターが、「僕は第一勧銀（みずほ銀行の前身）の内定もらって囲い込みがあったんですが、かろうじて逃げてNHKを受けに来ました」と平然と言うのです。「なんだって!?」、それを聞いて私、烈火のごとく怒りました。

「君ね、銀行から内定もらうような人が、マスコミに来るなんてけしからん」と、結構ののしるような口調で言ってしまったのを覚えています。

銀行に就職することに問題はありません。しかし、資本主義の富による権力構造の中枢を担っている銀行と、権力を監視するメディアと、両方に願書を出して、両方受かったからさあどうしようかと天秤にかける、その態度が、私としては信じられないという気持ちでした。それは違うだろうと。

しかしその一件があって、私は痛感しました。新聞や出版やテレビというメディアが、もはや反権力の旗印などではなく、エスタブリッシュメントの側になってしまったのだと。そうなると新聞では朝日新聞、放送ではＮＨＫが、エスタブリッシュメントの中のさらにエスタブリッシュメントのような存在と化してしまっている。これでは第一勧銀とＮＨＫが就職先として天秤にかけられるのも仕方ないことです。あのとき、世の中変わってきたなあと思いました。

でも、いまはさらに世の中が変化して、ＮＨＫがエスタブリッシュメントであると見ている人ばかりではないでしょう。幸か不幸か、新聞社を志望する学生は激減していますし、放送局も報道志望はいなくなりつつあります。ＮＨＫも民放も、事業やイベントの部門は人気だそうですが、報道の現場は過酷な職場だと知れわたり人気は落ちる一方です。社会の変化が激しい時代に、大学教育はどうあるべきか、学生たちの就職活動の変化をベースに考えることも必要なのでしょう。

3　日本の教育の問題点

東工大だからリーダーを育てる

東工大リベラルアーツセンターに着任した当初、私は、東工大がリーダーを育てる大学だとは思っていませんでした。そういうイメージはまったくなかった。とにかく偏差値エリートの視野の狭い理工系学生が、それぞれタコツボ化した専門知識を学び研究しているところというのが当初のイメージで、そういう学生たちにいったい何を教えればいいのかと思案していました。

ところが中に入ってみると、先生方は「リーダーの教育が大事」とか「リーダー育成をどうするか」とかいう話をさかんにしている。その議論を聞いて、私は「ああ、こういう大学でこそリーダーを育てていく必要があるんだ」ということに気がついたのです。

背景には、２０１２年に学長に就任された三島良直学長が「世界のリサーチ・ユニバーシティのトップ10に入る」というミッションを掲げ、これからは「リーダー育成だ」と宣言されたことが大きかったのでしょう。

リーダーを育成するというミッションに対しては、当初は東工大内部でも相当の戸惑いがあったと聞きました。実直な理系の研究者を育てて、技術において世界をリードしていくというところまでは意を一つにしたとしても、さらに卒業生が社会の、国家の、世界のリーダーになるというところまで考えて教育している人は、教員の側にどれだけいたのでしょうか。

そういうなかで、「あなたたちはリーダーになるんだ」という、学長から学生諸君へのストレートなメッセージは、相当なインパクトがあったのだろうと考えられます。

三島学長の学長就任と同じ時期に、私はリベラルアーツセンターに着任したわけなので、そうした改革の風を肌で感じました。リーダーとは？　指導者とは？　あるべき責任感とは？　と、自然に考えるようになりました。世の中を動かしていくリーダーの育成という軸をもって、学生を育てていくことが必要であり、そうした教育の場として東工大は大いなる可能性を秘めていると思いました。

「生活者」と「自己犠牲」の視点

では、実際にリーダーの資質、リーダーとなる条件、そしてリーダー教育に必要なこと、重視すべき点とはいったいどういったことでしょうか。

日本の高等教育の現状を見るかぎり、リーダー教育を受ける学生は、これまではとにかく恵まれた人たちでした。東工大ももちろん非常に恵まれた環境で教育を受けてきた若者たちが入学してくるので、学生たちは均質化しています。リーダー育成にとって、この環境は絶対にダメだと思いました。

リーダーに求められる素養として、まず大事なことは、世の中には自分とはまったく違う生活をしている人たちがいて、そういう人たちがどんな思いでどんな生活をしているのかと、その現実を知らなければいけない、ということがあります。その上で、そういう人たちのために、言ってみれば自分がある意味犠牲になってもいいんだという、その志があるかどうかが問われる。リーダーの条件はそこだと思います。

たとえば、今回のコロナ禍において、各国のリーダーが発する言葉がさまざまに評価されています。パンデミック初期の2020年3月に、ドイツのメルケル首相が国民に向けて行ったテレビ演説は、世界的に高く評価されました。彼女はかつて旧東ドイツにいて、移動の自由も職業の選択の自由もない、そういう現実を身をもって知っているので、国家によって自由を制限されるということがどれほど不愉快で辛いことであるかを、自分事として理解できたのです。その思いを、彼女はメッセージに込めています。
と同時に、医療従事者への感謝の言葉に加えて、彼女は、「スーパーのレジ係や商品棚の補充担当として働く皆さんは、現下の状況において最も大変な仕事の一つを担っています。皆さんが、人々のために働いてくださり、社会生活の機能を維持してくださっていることに、感謝を申し上げます」と言いました。なぜそれを言えたかといえば、彼女は実はいつもスーパーマーケットで買い物してレジに並んでいたんですね。そんな姿が目撃されています。エッセンシャルワーカーの人たちがどんな思いをしているかも、彼女は身をもって知っていた。だから自然にその人たちを労る言葉が出てきて、感動を呼んだのです。

そんなメルケル首相の歴史に残るスピーチを知った後、日本で西村康稔経済再生担当大臣がイオンに「視察」に行ったニュースを見ました。こちらは視察ですから、スーパーマーケットで感染防止対策がどのように行われているかを確認するための訪問です。当然、対応するのはイオンの偉い人たちです。その映像を見ると、スーツ姿の大臣以下、おつきの人やSPが入店して、スーパーは明らかに密になっている。買い物かごを提げて何かを買うパフォーマンスはしていましたが、なぜこの時期にわざわざ密になるような「視察」に行くんだと思ったのは私だけではないはずです。普段スーパーに行ってレジの人たちの働きぶりに接することがなければ、彼らの苦労は想像できませんよね。エッセンシャルワーカーへの言葉は、そこからは生まれません。リーダーはそれではいけないと思うのです。

リーダーになることを自覚していい

東工大生はどうでしょうか。恵まれた中高一貫校から東工大に進学するというのは、それはいいとしても、自分たちとは違うバックグラウンドを持つ人たちのことを知ってほしい。だからこそダイバーシティーが大事です。公立高校とくに地方の公立高校からももっと入学してもらわないと均質化の沼に沈んでいくように思います。

学生はみな能力は高いけれども、自覚を持てないでいます。自分はたまたま勉強ができて、理数系が得意でいい成績がとれて、偏差値を見て東工大を選んできたのでしょう。入学したら、それなりに楽しいし、自分が専攻する分野で研究者、技術者になれればいいなと思っている。それ以上のことはおそらく多くの学生が考えていない。自分は社会のなかでリーダーになることが求められているとか、社会に出て組織に入ればリーダーになるんだとかいう自覚はあまりありません。それをなんとか自覚してもらうことが必要なのです。

基礎的な力はあって、小中高校でもおそらく成績はトップレベルにい続けたということは、知らず知らずのうちにある種のリーダーとしての素質は身についているはずなのです。そのことにもっと自覚的になることが大事です。

研究室というリーダー育成の場

では、そういうリーダーの自覚とは具体的にはどういうものか、あるいは「自覚」というものを「教える」ことができるのか、という問題があります。

とくにコロナ以後、学生がキャンパスに来なくなり自宅でのリモート授業が中心で、サークル活動も自粛となってしまいました。キャンパスで教師やクラスメートや先輩や後輩とともに学び、活動するなかで育まれる教育は、より難しさを増しています。

たとえば研究室に入り、先輩・後輩の関係性をうまく生かしながら研究を進めることで、自然と指導力がついてくるということがあります。あるいはチームで何かをするときに、先生が、一人ひとりに役割をあてて、その役割に関しては責任を持たせるといったことから自覚が生まれることもあります。そういう対面授業の日常のなかで行われていたリーダーシップや指導力育成の機会を、オンラインでどう実現していくかは大きな課題です。

しかしオンライン講義にも慣れてくると、単に悲観的になる必要はないようにも思えてきました。オンライン上でもグループワークをさせて、一人ひとりが指導力を発揮できるよう課題を与えることはできます。また、オンラインには「チャット」という便利な機能があって、私の講義でもそこに質問がたくさんきます。それを見て、「ああ、さっき私が説明しそこなったので、こういう質問が来るんだな」と講義の流れや構成を振り返り、微調整することができます。すると、むしろ対面授業よりも双方向の感覚が増すように思えることもあります。大勢の中で手を挙げるのは勇気がいるけれども、チャットならば気軽に質問を打ちこむことができますからね。

「リベラルアーツ漬け」のアメリカ大学生

リーダーシップ教育といえば、アメリカの大学・大学院が頭に浮かびます。とくに日本では1980年代終わりから90年代にかけてのバブル期に、アメリカのビジネスクールに留学する人が急増し、ＭＢＡを取得した人が企業で重宝されるようになりました。日本の大学では実施されていないリーダー教育のプログラムが、日本にも紹介されいろいろな大学で導入されるようにもなりました。

ただ、誤解なきように言っておきますと、ＭＢＡというのは日本でいえば経営大学院です。そこでは、ビジネスリーダーの育成が必須ですので、そのためのプログラムが多数用意されています。いっぽうで、アメリカの大学４年間はどうかというと、ここでは世界のどこの大学よりも徹底した教養教育が行われています。学生たちはまさに「リベラルアーツ漬け」の４年間を過ごします。習得できなければ卒業できません。そして、ＭＢＡにしろロースクール（法科大学院）、メディカルスクール（医学部）にしろ、４年間徹底して教養教育をたたき込まれた学士が次なるステップとして専門大学院に進むのであって、ＭＢＡのリーダー教育にしてもリベラルアーツの土台の上に施される専門教育なのです。

では、アメリカの大学では、リベラルアーツをどうとらえ、どのように教えているのか。

２０１２年秋、私は上田紀行先生とアシスタントリサーチャーとの３人で、ＭＩＴ

（マサチューセッツ工科大学）、ハーバード大学、ウェルズリー大学の3校の視察に行きました。正直な感想として、アメリカの大学のリベラルアーツ教育への力の入れようは、予想をはるかに超えるものでした。

そこで得たものは、第一に、教育とはすべてパッション＝情熱なんだということ。とくにMITの先生方が口々に、熱くそう語っていたのが印象的でした。背中をグッと押してもらったように思いましたね。東工大の学内で開いた帰国報告会では、「パッションが重要なんだ」ということを、とりわけ上田先生が情熱を込めて発表したので、その熱量が改革に直接つながっていったと思います。

そのパッションの中身は何かといえば、詰まるところ“Great Ideas Change the World”という一言に込められている。制度や仕組みを変えることの前に、その前提として、何のためにそうするのかと、それは「世界を変える」ため、より良い世界へと変えるためだと一言で言い切れる、そのことが今の日本の大学教育改革にとっても重要なことだと思いました。

第二の収穫は、大学院生が学部の学生にペーパー（論文）の書き方を基礎から徹底的に教えている。そのシステムは印象的でした。

それから、先生の教え方を教えるシステムが整っていたこと。ハーバード大学にもMITにもこの仕組みがありました。教師のなかにも自分の教え方に悩んでいる人は大勢います。そういう先生が相談に行くと、実際の講義をビデオ撮影し、それを見ながら「あなた、ここはわかりにくいので、もう少し工夫しましょう」というように細かく指導してくれるのです。ビデオもいろいろな方向から撮って、客観的に見られるようになっている。そういうセンターがあるというのは素晴らしいと思いました。

先生たちにはプライドがあるので、「あなたの教え方は下手だ」と言われるのは耐えがたいし、無理矢理教え方を矯正させることなどできません。そうではなく、「自信がなくて教え方をよくしようという先生がいらっしゃればお手伝いしましょう」というソフトな姿勢で、サポートしているのです。

加えて、MITでは音楽の授業が充実していることに感銘を受けました。ある教室に案内されると、そこにはかなりの数のピアノが置かれていて、理工系の学生に音楽教育をしているのだという。「音楽と数学は非常に親和性があります。理系の学生の能力を高めるためにも音楽が必要です」と説明を受けました。なるほど、東工大の学生にも音楽が得意な学生がいます。東工大のキャンパスの中にもピアノがあり、よく学生が見事な演奏をしていたことを思い出しました。ひるがえって音楽が苦手な自分は、だから理系に向いていなかったのかと、内心ひそかに思ったりしました。

「最先端」はすぐ役に立たなくなる

３校のなかで、ＭＩＴはキャンパスに足を踏み入れた瞬間に東工大と同じ匂いを感じました。とてもなごみましたね。ともに理工系大学であり、規模的にも似たもの同士なところがあります。そのＭＩＴで、最も印象的だった言葉は、「すぐ役に立つことはすぐ役に立たなくなる」というリベラルアーツ教育統括責任者からの一言でした。これは衝撃的でした。

理工系の大学でここまでリベラルアーツ教育に力を注いでいるのはなぜなのか、もっと先端科学や先端技術の教育に時間を割くべきという意見はないのかという私たちの質問に対し、やにわに「最先端のことなんか教えてどうするんですか？」と、質問に対して質問で返されて、どぎまぎしました。

「今の時代、すべての科学技術は5年で陳腐化してしまう。だから私たちが教えるのは、すぐに役立つ技術や最先端の科学ではなく、『学び続け、研究をする姿勢』そのものなのです」

答えは明快そのものでした。

また、ＭＩＴでは、インタビューに応じてくれた先生方はみな二言目には「クリティカル・シンキングが大事だ」と言うのです。「クリティカル・シンキング」は日本語訳が難しい言葉です。「批判的思考」と訳されますが、意を尽くした翻訳とは言えないでしょう。東工大ではちょっと工夫をこらして「とらわれない思考」と訳しているのですが、意訳ではあるけれどもその方がしっくりきます。

東工大リベラルアーツセンターでは、当初、桑子先生のおっしゃる「人間としての根っこを作ることが大事だ」という考え方が共有されていたのですが、ＭＩＴ視察から帰国後は、「クリティカル・シンキング＝とらわれない思考」を前面に出すようになっています。

東工大の権威とブランド

リーダー教育のための教養教育といっても、私のような一教員が自分の授業で教えられることはわずかなことかもしれません。それでも、その気概だけでも伝えたいと、私はかつて起きた事件についてすべての授業で話すことにしています。それは、戦後日本の四大公害病のひとつ「水俣病」をめぐる話です。

１９５６年に最初の症例が見つかった水俣病は、メチル水銀化合物による中毒性中枢神経疾患でしたが、当初は原因がわからず「奇病」とされました。その後、原因物質は有機水銀にあると考えた熊本大学医学部研究班は、水俣市の化学メーカーであるチッソ（当時は新日本窒素肥料）に工場排水の調査協力要請をするものの、同社はこれを拒否します。このときチッソをかばってしまったのが、東工大の教授でした。水俣病の原因は有機水銀ではなく、腐った魚に原因があるという「アミン説」を唱えたのです。

結果、当時のメディアは、熊本大学と東工大と、どちらを信じるか、という悩みを抱えてしまいます。日本の理工系トップである東工大教授の見解が、大変な権威を持ったのです。このため原因究明が遅れてしまいました。その間に発病した人もいました。ようやくチッソの排水が原因だったことが判明し、政府見解が確定するのは１９６８年になってからでした。

講義でこの話をしたあとに、学生たちに聞きます。

「将来、君たちが研究者、あるいは技術者になって、産学連携のプロジェクト・リーダーをつとめていたとしよう。一緒に仕事をしている大企業の人から『先生、こんな馬鹿なことを言っている連中がいるんです。ここは一発ガツンと反論してください。お願いします!』などと、その企業に都合のいい科学的見解を発表するよう持ちかけられたら、君たちはどうするか?」と。

教室はシーンとなります。過去の歴史と思っていた事象が、急に自分自身の問題として迫ってくるからですね。自分が所属するのは科学技術の世界では権威ある大学で、その権威やブランドが時に悪用されることもあるということを、東工大生としてきちんと認識する必要があります。社会に出て組織に身を置いたとき、正しい思考と判断ができるために、教養を身につけることが大切なのです。

第2章
「とがる」ために必要なもの

伊藤亜紗

「とがる」ことの難しさ

大学は、教育の場であると同時に、研究の場でもあります。研究とは、どんなに小さなことであっても、世界でまだ誰もやっていないことをやることです。

もちろん、「世界で誰もやっていないこと」と言っても、「全く新しいことをゼロからやる」という意味ではありません。どんな研究も「巨人の肩の上に乗っている」のであって、過去の研究の蓄積や、研究を可能にしているさまざまな人の尽力の上に成り立っています。有名無名の多くの人の助けを借りながら、まだ誰も立ち入っていない未知の領域に足を踏み入れ、新たな可能性を切り開いていくこと。これが研究という生業《なりわい》です。

そのためには「とがる力」が不可欠。誰もが考えそうなことをやっていても研究にはなりません。まわりから変わった人だと言われようが、他人とは違った方向を見つめている。そんな姿勢が必要です。

大学で学ぶとは、そんな「とがりの場」で学ぶということです。とがった研究者の教えを受けながら、ときにそれを疑い、ときにその試行錯誤に勇気づけられながら、自分なりの「とがり」を磨くことです。

もちろん、すべての学生が研究者になるわけではないでしょう。だとしても、自分の「とがり」を磨いた経験は、研究者以外の職業についたとしても、生き方に大きな影響を与えるはずです。

ところが最近、学生と接していると、若い世代にとって「とがる」ことはそれほど簡単なことではないのではないか、という気がしてきます。

まず、学生たちはとても真面目です。「リスク」という言葉を頻繁に口にし、失敗することを嫌います。

とがるためにはリスクがつきものです。何せ、誰もやったことのないことに手を出すのですから。時間と労力を費やしてもすぐには報われない可能性もあります。リスクばかりを気にしていては、とがることは難しくなります。

なぜ学生たちはリスクを嫌うのか。

さまざまな要因が考えられますが、環境的な要因としては、やはり幼いころから当たり前にインターネットに触れてきたことは大きいでしょう。

海外の大学に留学しようと思ったら、あらかじめその大学に通う学生の日記を読むことができます。インターンをしようと思ったら、事前にその会社の口コミを確認することができます。ちょっと検索すれば、実際に行動する前に、その行動の結果が予測できてしまうのです。「分からないけどやってみよう」が成立しにくい時代。自然と、リスクに対する意識が高まります。

加えて、社会的な要因も大きいでしょう。日本の2018年の一人当たりのGDPは世界26位。世界2位だった2000年と比べても、日本は明らかに下り坂の局面にあります。有名企業の社員の過労死や、153か国中121位というジェンダーギャップの大きさなど、若い学生たちが挑戦しようにも目の前に問題が山積しています。

さらに、科学技術のあり方も問われています。これまでの社会は、「もっと速く・もっと高く・もっと強く」あることを良しとしてきました。当然、科学技術もその価値観に沿うように発展してきました。

ところが、今はむしろサステイナブル（持続可能）の時代です。深刻な環境問題や資本主義の限界も指摘され、「もっと速く・もっと高く・もっと強く」を妄信するのとは違う、科学技術のあり方が求められています。そのような中で、学生も、進むべき道を問い直されていると感じるのは当然でしょう。

変化する時代の中で、「とがる場」としての大学の役割、また教育の役割も変わりつつあります。そこで求められる「とがり」とは、いったいどのようなものでしょうか。

本章では、こうした点について、海外の大学との比較や、実際の教育現場で見えた可能性を手がかりに、考えていきたいと思います。そして、そのことを通じて、「良きとがり」を実現するために必要なリベラルアーツの役割について考えていきます。

MITのハック

さっそくですが、世界的に有名な「学生たちのとがり」の例を見てみましょう。とりあげたいのは、マサチューセッツ工科大学（MIT）の、「ハック」です。

MITと言えば、アメリカ北東部の都市ボストン近郊にある、言わずと知れた世界トップクラスの大学です。理工系の大学として有名ですが、人文社会系の研究でも世界をリードしており、人文社会系だけでノーベル賞受賞者を七名も出しています。

ところが、そんな「世界トップ」のイメージからするとちょっと意外な文化がMIT

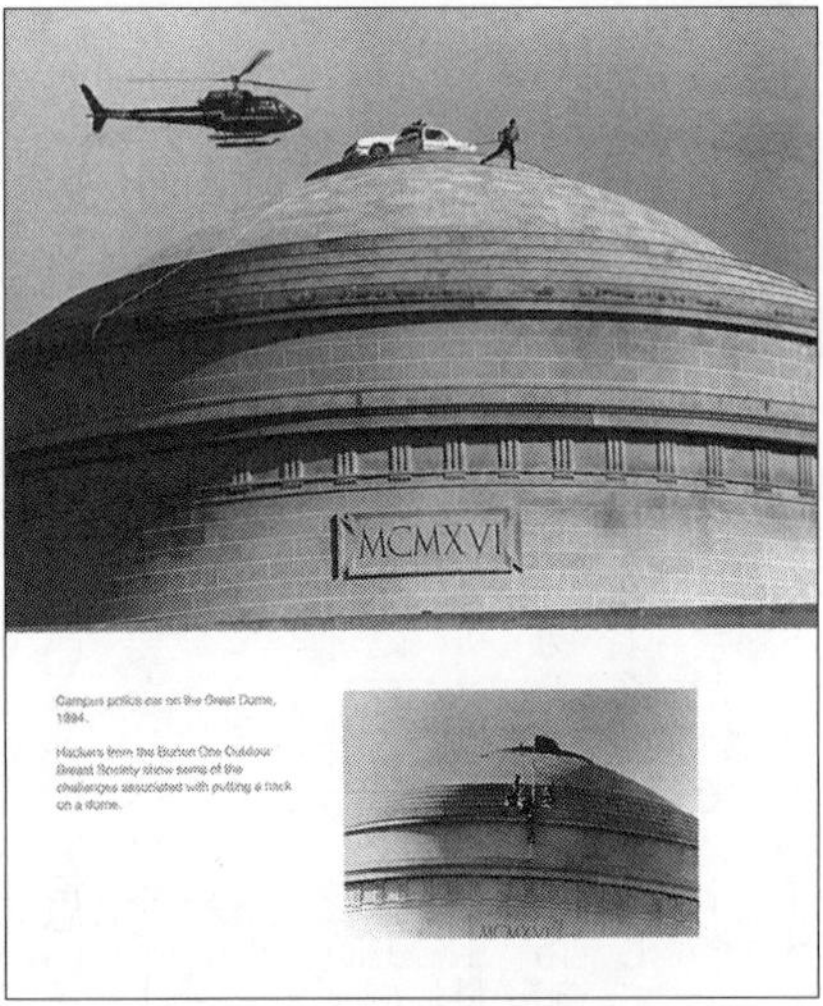

図１　ドームの頂上に鎮座するパトカー
（T. F. Peterson. Nightwork: *A History of Hacks and Pranks at MIT*. The MIT Press, 2011, 51.）

にはあります。それが「ハック」です。

日本語でハックというと「ハッカー」のイメージが強いため、犯罪行為を連想してしまいます。しかし、ＭＩＴのハックは違います。大学の伝統になっている、学生が行う大掛かりないたずらを指します。

「いったいこれ、どうやって実行したんだ？」と目を丸くしつつ、でもその労力を思うと心底ばかばかしい気分にもなる。そんないたずらを、匿名で、予告なく行うのです。実に大らかです。

これまでで最も有名なハックの一つは、１９９２年の「パトカー」でしょう。何と、ＭＩＴのシンボルになっているドームの上に、学内警察組織のパトカーを載せてしまったのです。パトカーそのものは実は模型だったそうですが、中にはダミーの警官やおもちゃの銃も入れられていたという芸の細かさでした（図1）。

件《くだん》のパトカーは、今ではスタタ・センターと呼ばれるコンピューターサイエンスやAI研究の拠点となっている建物のロビーに展示されています（フランク・ゲイリー設計のスタタ・センターは、それ自体がハックであるかのような楽しい外観です（図2））。展示されたパトカーの

図2　スタタ・センター

図3　ハックについてのパネル

図４　ドームを覆う『アベンジャーズ』のシールド

そばには、ハックに関するパネルが（図３）。「安全に」「現状復帰」など、11条から成る「ハックの倫理」が示されています。ハックの目的が破壊ではなくユーモアであること、そしてそれがいかにＭＩＴの伝統になっているかが分かります。

パトカーが置かれたドームは、頻繁にハックの場所に使われる、いわば「ハックのメッカ」です。実は私は、２０１９年の３月末から８月末まで、客員研究員としてＭＩＴに滞在する機会がありました。この滞在期間中にも、ドームの上にあるものが置かれました（図４）。

お分かりでしょうか？　このとき置かれたのは、映画『アベンジャーズ』の登場人物キャプテン・アメリカが持っていたシールド（盾）です。ある日学校に行ったら突然ドームの様子が変わっていてびっくりしました。

MITでは、ハックは小動物のビーバーの仕事と言われます。ビーバーは、複雑な巣を作ることから工学の象徴とされ、MITのシンボルになっているのですが、彼らは夜行性なのです。ハックも同様。夜のうちに、誰にも知られないまま、匿名で行うのがハックのポイントです。

ハックは人知れず設置され、すぐに撤収されてしまうのが常ですが、中には今でも現場に残っていて、見ることができるものもあります。それはMITの前を流れるチャールズ川にかかるハーバード橋に、1958年にしかけられたハック。足元を見ながら橋を渡ると、ところどころにペンキで目盛りがつけてあるのが分かります。

この目盛り、実はフィートでもセンチでもない、独自の単位で刻まれています。それは「スムート」。オリバー・スムートという当時実際にMITに在籍していた学生の身長を1とする単位で、それによれば、橋の長さは「364・4スムートと耳一つ分」だそうです。冬は風が強くてつらい川渡りも、目盛りを見ながらだとちょっと楽しくなります。今でも現役のハックです。

ちなみに、オリバー・スムート氏は、何とその後、国際標準化機構（ＩＳＯ）会長、米国国家規格協会（ＡＮＳＩ）議長を務めました。もともと、単位や基準に対してよっぽど強い関心をいだいていたのでしょうか。ＭＩＴの学生たちがしかけるハックの本気度にはいつも驚かされますが、スムート氏はいわばハックを地で生きてしまったのです。

経済力の差？

このハックの伝統から見えてくるのは、突拍子もないことを許容する「大らかさ」です。そこには、とがった存在を許す「余裕」があります。

このことは、ＭＩＴの公式の紹介文にも明確に書き込まれています。「私たちは楽しく風変わりで、エリートだがエリート主義ではなく、革新的かつ芸術的で、数字にとりつかれている We are fun and quirky, elite but not elitist, inventive and artistic, obsessed with numbers」。

「楽しく風変わり」はまさにハック的とがり精神でしょうし、「エリートだがエリート主義ではない」はユーモラスでオープンなマインドを指しているとも言えます。

「数字にとりつかれている」は、世界中の理工系の人たちの共通の特徴でしょう。キャンパス内には、それを具現化したような巨人のパブリックアートがあります（図5）。素数に独特の美しさを見出したりする感性を想像させますが、何よりこんなことを書き込んでいることが、日本の大学にはない大らかさを感じさせます。もっとも、ただただ変わり者であれと言っているのではなく、そのような精神をもって「より良い世界を作るmake a better world」ことが目的とされています。

図5　数字の巨人

なぜ、ＭＩＴにはこうした「余裕」や「大らかさ」があるのでしょうか。

そりゃあ、経済力の違いでしょう、と思ったあなた。確かに、それは否定できない要因です。

具体的に比べてみましょう。図6は、各大学が公表している東工大とＭＩＴのスクール・データを表にまとめたものです。

上から順に見ていくと、実は、設立年とサイズに関しては、東工大とＭＩＴはあまり違いがないことが分かります。どちらも

	MIT	東工大
設立年	1861年	1881年
学生数	11,520人	10,299人
教員数	1,067人	1,099人
職員数	11,785人	2,047人 （うち非常勤1,439人）
年間授業料	$53,790 （約555万円）	約64万円 （2019年４月以降の入学者）
予算（収入）	＄3,931.9millions （約4054億円）	約464億円
学部学生女性比率	47%	13%
入試倍率	約15倍	約4.2倍
キャンパスの面積	0.678㎢ （ケンブリッジのみ）	0.49㎢ （３キャンパス合計）
ノーベル賞受賞者	95人	２人
QS ランキング	１位	58位（国内３位）

図６　東工大と MIT のスクール・データ（2020年）

設立は19世紀後半で、学生の数は学部・大学院を合わせて約１万人。教員数は約１０００人で、教員１人当たりの学生数が９～10人という計算になります。

圧倒的にちがうのは職員数です。東工大の２０４７人に対してＭＩＴは１万１７８５人。ＭＩＴのほうが約６倍、職員の数が多いのです。

これは実際にキャンパスを歩いていても、一目瞭然で実感できることです。ＭＩＴには「無限廊下」と呼ばれる有名な廊下があります。これは、キャンパスの主要な建物をつなぐ渡り廊下のようなもので、多くの人が行き交う幹線道路のような役割を果たしています。ボストンの寒い冬でも外に出ることなしに移動できるので、とても便利です。

この無限廊下の左右には、さまざまな学科や学内組織のオフィスが並んでいます。オフィスの多くはドアがガラス張りで、中が見えるようなつくりになっているのですが、そのほとんどに受付があって、スタッフが常駐しているのが見えるのです。これだけスタッフがいれば、学生のケアも手厚く、また教員は研究に専念できるだろうなあ……。ため息混じりにそう実感する光景です。

このスタッフの多さを支えているのが、とりもなおさず予算の潤沢さです。全体の収入の額で見ると、MITが東工大の約9倍。ボストンの物価は東京周辺よりも高いですから、単純な比較はできませんが、ほぼ同数の学生と教員を9倍の予算と6倍の職員で支えている、と考えるとイメージがしやすくなります。

ちなみに、女子学生の多さも日本の理工系大学や学科とは違うところです。アメリカではアファーマティブ・アクションが行われているため、学部ではその約半分にあたる47%が女子学生です。

約半数が女子学生となると、キャンパスの雰囲気も違います。もっとも、「華やかさ」を想像すると肩透かしを喰らいます。そもそもボストンという街自体が、あまり女性が派手なメイクやファッションをするところではありません。むしろ、ジェンダーを強く意識しなくて済む環境、と言えば良いでしょうか。それは、私のような女性研究者にとってとても居心地がよいものでした。

シラバスは20ページ！

滞在中、学生に混じって授業にもいくつか参加させてもらっていました。

人文社会系の科目を中心に聴講していましたが、ゆるーい授業からハードな授業まで、タイプは正直いろいろ。でも「余裕」を感じさせるのは、むしろハードな授業の方でした。理工系の学生のためにここまで専門的なことを教えていいのか、と思わせる内容だったからです。

実は、そもそもＭＩＴにおいて人文社会系の学問は「リベラルアーツ」とは呼ばれていません。いわゆる人間教育としての位置づけではなく、理工系の科目と同じ、専門科目の一種という扱いになっているからです。

ただし、どの学生も人文社会系の科目を一定数とらなければならない点は、東工大と同じ（といっても、東工大は博士課程までリベラルアーツ教育が行われていますが、ＭＩＴ

の必修は学部のみです）。その割合も、学部卒業に必要な単位のうち約10％と、ほぼ同じです。

違うのは教員の数。東工大の人文社会系の教員の数は約60名ですが、ＭＩＴの人文社会系の研究者は人文・芸術・社会科学学部（SHASS: School of Humanities, Arts, and Social Sciences）だけで約１８０名が在籍しています。実際には他の学部にも人文社会系の研究者が在籍していますので、総数でいえば２００名程度になると考えられます。

人数が多ければ、提供される科目のバリエーションも多くなります。科目数にして、ＭＩＴの人文社会系科目は東工大の約2倍。より学生の関心に即した科目を、しかも少人数で提供することができる、余裕のある学習環境です。

そんな中、私が聴講したなかでもっとも余裕を感じさせる、つまりもっともハードだった科目があります。それは、私のホストになってくれた建築・都市計画学科のキャロライン・Ａ・ジョーンズ教授の美術史の授業。毎週2回の講義と1回の演習があり、これが15週続きます。

驚いたのは、シラバスがＡ４で20ページもあったこと。毎回の授業内容のほか、演習で扱うテーマや、こなさなければならない課題、教科書も記載されていました。課題はレポートが5回、プレゼンが2回、試験が1回。教科書は4冊あり、うち1冊は125 8頁というボリュームです。

授業の内容は、同業者の私もうらやましくなるような内容でした。大学院生が司会を担当する演習では、「マルクスの理論におけるフェティシズムについて」のような専門家でも答えに窮するようなハイレベルなテーマが扱われるほか、一度はすぐ近くのハーバード美術館に全員で出かけて、ちょうど学校設立100周年を迎えていたバウハウスの展示を見学しました。所蔵庫にあるマルセル・デュシャンの作品を、特別に間近に見せてもらえたのは感激でした。

軍事研究への依存も

ところで、MITのこの潤沢な外部資金はどこからやってくるのでしょうか。大学の公表している収入の内訳を見てみましょう（図7）。

注目は、最大の収入源であるリンカーン研究所の研究資金。リンカーン研究所は、チャールズ川沿いのメインキャンパスから専用シャトルバスで20分ほどのところにある、MITの研究機関です。この研究所の収入が本体の研究収入よりも多く、収入全体の

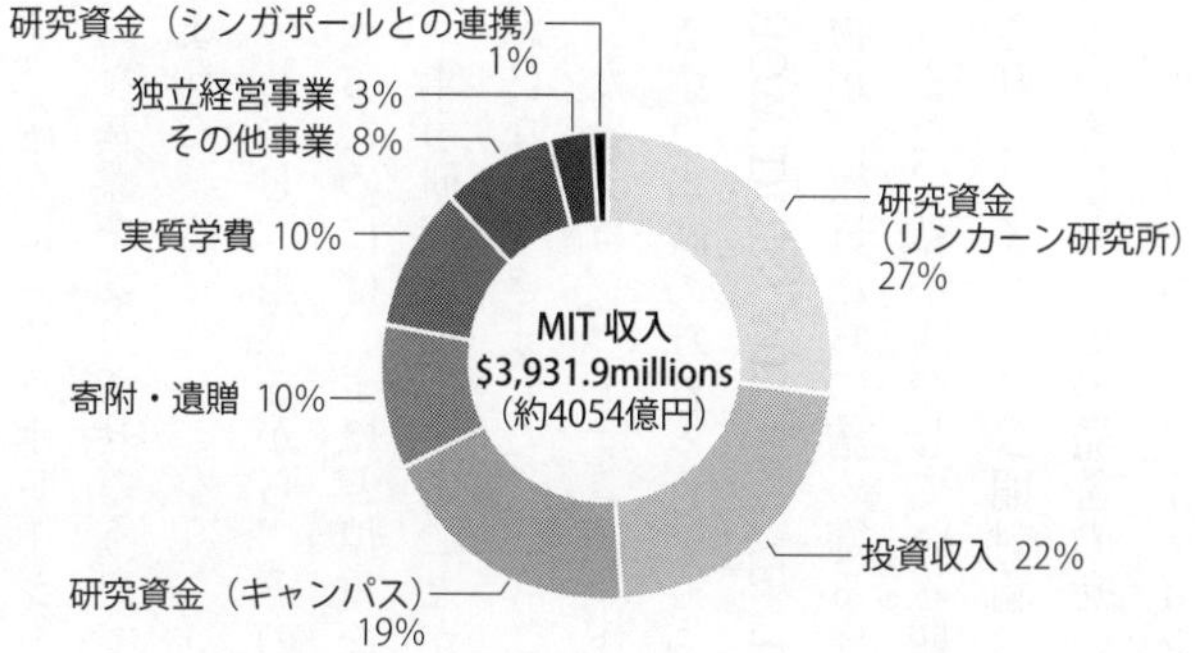

図７　MIT の収入内訳（2019年）

27％を占めています。額にしておよそ10・59億ドル（約１０９１億円）。キャンパス内での研究資金の約１・４倍の額に相当します。

リンカーン研究所とは何か。リンカーン研究所とは、アメリカ国防総省との共同研究施設です。一言で言えば軍事研究のための施設。設立されたのは、１９５１年、冷戦まっただなかです。

もっとも、軍事研究といっても、兵器や爆弾の開発のような分かりやすい研究はほんの一部でしょう。ＡＩの研究、ロボットの研究、宇宙の研究、国際政治の研究、心理学の研究、地域文化の研究……文理問わずどんな研究であれ、使いようによっては軍事政策に応用することが可能です。つまり、「軍事研究」の傘下には、あらゆる研究が入りうるのです。

ＭＩＴのこの軍事研究依存体質は、非常に有名です。確かに「コラボレーション」はＭＩＴの重要な文化の一つです。また、大学の経済的な基盤を安定させるうえで、軍事研究を行うのは合理的な選択肢と言えるのかもしれません。

しかし、当然ながら、そのことと「より良い世界を作る」という大学の目的を両立させるためには、よほど慎重な態度が求められます。

軍事研究に加担することがもつ倫理的な問題については、ＭＩＴ内外でもしばしば問題になってきました。

たとえば、ベトナム戦争下の１９６８年には、卒業生たちが大規模なデモを行っています。当時の写真を見ると、「ＭＩＴは「人間的な目的」のためにどう奉仕するのかHOW DOES MIT SERVE "THE HUMAN PURPOSE"」と書かれたプラカードを持つ人物が、教員たちに詰め寄る様子が見られます。

また、私が滞在している期間にも、新たに作られるＡＩ研究の拠点について議論がなされていました。公開討論の場で、ひとりの女性教授が、軍事研究を批判する発言をしていました。その発言のせいだけではないと思いますが、実際に２０１９年秋にシュワルツマン・コンピューティング・カレッジが設立された折には、コンピューター科学の社会的倫理的な責任について教え、研究する枠組みが用意されていました。

ハック的な「とがり」の伝統は、確かにMITの大学としての大らかさ、余裕を感じさせます。しかしそこには同時に、さまざまな議論や制度的な枠組みを内包しつつも、全体としては予算の3分の1程度を軍事研究施設に依存しているというMITのもうひとつの顔があります。

文化を育てる

「とがる」ためには「余裕」が必要で、そのためには十分な「経済力」が必要で……確かにMITを見ているとそんな気がしてきます。

しかし、本当にそれだけでしょうか。確かに経済力は重要ですが、それだけで「とがり」を育てる大らかな環境が実現するでしょうか。

そこには単なる経済力には還元されない「校風」のようなものがあるはずです。のびのびととがることができる環境を維持するために、MITに関わる人たちが大切に育ててきた「スピリット」が、「文化」が、あるはずです。

彼らがMIT的スピリットや文化を大切にしていること。そのことを実感するのは、

「MITコミュニティー」という言葉を耳にするときです。実に高い頻度で、この言葉が使われるのです。

日本とアメリカでは「コミュニティー」という言葉の意味が少し違っています。日本で「コミュニティー」と言うと、土地に根差した人間の集団を指す傾向が強いですが、アメリカではそのような含意はありません。MITを卒業して今はアフリカで働いているOBも、アジアにいながら技術開発で連携している研究者も、みな「MITコミュニティー」の一員です。

その彼らが、さまざまな機会をとらえて、MIT的なスピリットや文化を確認し、実践している。そして、そのような努力が、「とがる」ことを支える土壌になっているように思えるのです。

もしそうであるならば、ひるがえって日本の学生はどうでしょうか。彼らが「とがる」ことを躊躇《ためら》いがちなのは、経済的な問題に加えて、私たちの「文化」がどこかそれを許さないようなものになっている、ということなのかもしれません。つまり、大学の中に、実はとがることを抑圧するような文化があるのかもしれません。

新型コロナウイルスが作り出した「隙」

このように自分たちの「文化」の問題を考えるようになったのは、2020年に世界を襲った新型コロナウイルスがきっかけでした。

2020年4月の東工大は、大変な混乱下にありました。新学期の授業開始を1か月繰り下げ、ゴールデンウィーク明けからとしたものの、とうてい対面式の授業はできません。その時点で選択肢はオンラインの一択。そのためにさまざまなことを考えねばなりませんでした。

オンライン授業を実施するためにどのようなインフラを整えなければならないか。授業へのZoom bombing（部外者の乱入）を防ぐにはどうしたらよいか。使う教材の著作権はどうなるのか。多くの留学生が来日できないまま自国で授業を聴講することになるが、国境をまたいでの著作権の適用に問題はないか。オンラインでワークショップや双方向の授業を行うにはどうしたらよいか。数学の式変形や化学式のように手書きで板書することで教えてきた教科を、どのようにデジタル化するか。実験科目はどうするのか。ウェルネス（健康・スポーツ）科目はどうするのか。学生の経済的な格差。教員のITスキルの格差。実験室にあるマウスや細胞片などの管理。交代で出勤する職員の安全……問題山積です。

しかし今思えば、それは良い意味でとてもアナーキーな日々であったとも言えます。もちろん大学としても、学生と教職員のいのちを守ることを第一に、さまざまな方針を打ち出してはいました。けれども、現場で起こっている山積みの問題に対処するためには、それだけではとうてい追いつきません。

だから、ひとりひとりの教職員が工夫をしたし、問題が起これば試行錯誤し、グッドプラクティス（優れた取り組み）を共有する必要がありました。草の根の創造性、とでも言えばよいでしょうか。アナーキーというとすべてを破壊するというイメージがありますが、相互扶助という側面もあります。上からの管理がないところで、自分にできることをＤＩＹ（Do it yourself）して、いかにお互いに助け合うか。そんな前向きなアナキズムがありました。

ひとことで言えば、それは「隙」の経験でした。対応しなければいけない問題は山積みで、そういう意味では「余裕」はまったくなかったのですが、通常の秩序がゆるみ、あちこちに「隙」ができていました。

そして、その「隙」が、図らずも、それまで当たり前のものだと思って意識すらしていなかった大学の文化を見直す機会を作り出したのです。

「隙」はガバナンス的には好ましいことではないかもしれません。混乱や問題もたくさん生まれました。しかし、何か新しいことが生まれるために「隙」は絶対に必要なものです。

「隙」から見えてきたポジティブな可能性とは何か。そこに、「とがる」文化のためのヒントを探していきたいと思います。

「お宅でいよう」

4月、私は未来社会DESIGN機構という学内組織に属する数名の同僚教職員とともに、手作りのインタビュー企画を立ち上げることにしました。題して「STAY HOME, STAY GEEK」。仲間たちと考えた、「この隙だからこそできること」でした。

東工大は、実際にはそうでもないのですが、いまだに「おたくの集まり」というイメージが強い大学です。それを緊急事態宣言下の「STAY HOME」にかけて「お宅《たく》＝GEEK（ギーク）でいよう」と呼びかけたのです。

この非常時のなか、東工大のとがった研究者たちは何を考えているのか。Zoomを使い、一人あたり15分程度の時間をとって、順番にインタビューをしていきました。

5Gなど通信の専門家、画像診断の専門家、創薬の専門家、水素電池の専門家、深海の生命の専門家……話題のほとんどは理工系の研究ですが、聞き手は私を含め主に人文社会系の研究者がつとめました。こんなふうに身近に理工系の最先端の研究の話が聞けるのは、人文社会系の研究者にとってもとても贅沢な環境です。

インタビューは8月末まで続き、合計四七本の動画を収録。広報課の協力でそのつどYouTube の大学公式チャンネルにアップしてもらいました。

専門領域ごとの「環世界」

同じ新型コロナウイルスの感染拡大という状況を前にしても、語ることは研究者によってみんな違います。シミュレーションによって感染防止対策と経済活動のベストバランスをさぐる経営学の専門家もいれば、生命は何度も絶滅の危機を経験しているという46億年のスケールに立つ物理学者もいる。空間的にも時間的にも、視点があちこちに変化するインタビューシリーズとなりました。

特に印象的だったのは、人工衛星の機構が専門の機械系研究者が放った一言でした。

曰く、「リモートワークって、ふだん我々が研究でやっていることといっしょじゃないかな」。

その研究者は、地上から小さく折りたたんで打ち上げた衛星を宇宙空間で展開する仕組みについて研究していました。宇宙空間で実験をするためには、行けないところ、遠くで行われていることを、数式やシミュレーションを見ながら、最終的には自分の体で想像する能力が大きな意味を持つことになる。この能力が、リモートで同僚や学生と連携しながら研究を進めるのにとても役立っている、とその研究者は言うのです。離れていても、相手がどのような状況にあるかを想像する習慣がついているからです。

理工系の研究というと主観を排した純粋な世界というイメージがありますが、「STAY HOME, STAY GEEK」で見えてきたのは、こうした理工系の研究者特有の「想像力」のあり方でした。専門ごと、領域ごとに、異なる身体感覚が存在するのです。それは、研究活動を通じて身についた、生き物レベルの「とがり」のようなものかもしれません。

19世紀末から20世紀初頭にかけて活動したヤーコプ・フォン・ユクスキュルという生物学者がいます。ユクスキュルは、「環世界」という概念を提唱したことで、生物学のみならず哲学などその後の人文社会系の学問領域にも大きな影響を与えました。

「環世界」は一般には、昆虫や軟体動物など生物が、それぞれの機能に対応して持つ主観的な知覚世界のことを指します。例えば、人間にとっては心地よい森の鳥のさえずりも、聴覚を持たないマダニにとっては存在しません。逆に、動物の血液を吸おうと待ち構えているマダニにとっては、皮膚腺から出る酪酸《らくさん》の匂いこそが重要な意味を持ちます。このように、生物はそれぞれに異なる世界を持っているのです。

ユクスキュルの議論が面白いのは、この環世界の考え方を、人間にもあてはめたことです。つまり、生物によって見える世界が違うように、職業や専門によっても、見える世界が違う、というのです。

たとえば、素人にはどれも同じに見える森の木でも、きこりは一本一本の違いを見分けることができます。そして、どの木が切るのに相応《ふさわ》しいのかを判断することができるのです。他方で同じ木の幹の模様が、少女にとっては恐ろしい人間の顔に見えます。彼女はまだ地の精や小人のいる世界に住んでいるからです。

あるいは天文学者の環世界。ユクスキュルの本に付された絵によれば、天文学者は地球から遥か遠く、宇宙空間にまで突き出た塔の上に座っています。しかも、その目は望遠鏡らしき器具と一体化しています。彼のまわりには、さまざまな天体がくるくると回りながら動いていきます。

「STAY HOME, STAY GEEK」で見えてきたのは、まさにユクスキュルが論じたような、専門領域ごとの環世界でした。先の人工衛星の機構の研究者は言います。「発想は自分の体からしか出てこない」。

研究は、その人の体でするものです。環世界というその研究者ならではの「とがり」が、研究を支えているのです。

GEEKの輪

一方で、インタビューを続けていくなかであらためて感じたのは、研究のひとつひとつは、あくまでパズルのピースのようなものにすぎない、ということです。研究のそれぞれは小さなパズルのピースですが、それらが互いに組み合わさって、大きな絵を描こうとしているのです。

コロナについて質問すると、多くの研究者たちが、「自分にはここまでしか分からない」と限界を口にしました。最初は歯切れが悪いなあと思っていたのですが、そうではありませんでした。自分がピースであるという自覚があるから、その外にあることは他の専門の研究者に任せているのです。

たとえば、医学の現場で得られた患者のデータを、情報処理が専門の研究者が分析し、薬になりそうな有望なタンパク質を提案、それを生命工学の専門家がシミュレーションする。一見パソコンの画面の中にあるデータを扱っているように見えても、その背後には生身の人間の体がある。そうしたつながりの中に研究者は埋め込まれています。

コロナ禍でさまざまな分野の専門家の発言が、テレビなどのメディアにとりあげられていました。しかし、メディアにとりあげられるのは、どうしても、こうしたつながりから切り離された言葉の断片になってしまいます。威勢はいいかもしれませんが、研究の本来の姿からは遠いものです。

その「威勢」に多くの人が振り回されたし、逆に専門家への激しいバッシングが起こったこともありました。研究者だって分からないことだらけです。むしろその限界を示すことに、大学からの発信の試みとしての意味があったようにも思います。

ところで、「STAY HOME, STAY GEEK」を通じてこうした研究者どうしのつながりが自然に見えてきたのは、インタビューイーを紹介制にしたためでした。つまり、インタビューを受けた人が、その次にインタビューを受ける人を推薦する、リレー形式にしたのです。

企画時に念頭にあったのは、もちろん「テレフォンショッキング」でした。若い世代には分からないかもしれませんが、「テレフォンショッキング」とは、タモリ（森田一義）が司会をつとめていたお昼の長寿番組「森田一義アワー 笑っていいとも！」の中の一コーナー。毎回、その日のゲストが翌日のゲストを紹介していくのです。番組ではこのリレーを「友達の輪」と呼んでいましたが、私たちは「GEEKの輪」をつなげようとしたのでした。

紹介制でつないでいくこと。大学という場所は、非常に「壁の厚い」組織です。もし通常時に同じ企画をやろうとしたら、「学院ごとに代表をひとり出す」といった、組織の論理にそった人選になってしまっただろうと思います。

さらには、事前に綿密な計画を立てることも要求されていたかもしれません。動画の出来映えも「大学としてのクオリティー」に達しているかが問われたことでしょう。

けれども今は、というか今だからこそ、この「隙」をついて、組織の垣根を超えて、かつ偶然の要素を取り入れるような、手作りの試みをするべきだと考えました。それが「紹介制」とした理由です。

組織の論理に従うのではなく、ひとりひとりの人間の力に任せること。決められた計画にしたがってゴールを目指すのではなく、その場で起こることに触発されながら、思ってもみなかった方向にプロジェクトが転がっていくのを楽しむこと。

意外な人が、実に意外な仕方で協力してくれました。危機が、人々からふだんと違う可能性を引き出していました。

その後につながる関係も生まれました。インタビューで出会った研究者に、私の授業に参加してもらったり、逆にシンポジウムに呼んでいただいたりしたのです。

学びのカスタマイズ

隙が引き出す、普段と違う可能性。先が見えず、管理しようもなかった状況だからこそ、人々から意外な力が引き出されていきました。

同じことは、授業においても起こっていました。

先述のとおり、東工大で新学期の開始を1か月遅らせてから、しばらくは授業を完全にオンラインで行っていました。環境の整備や学習素材の準備、学生の心のケアなど、かなり大変な面もありましたが、これまで当たり前だと思ってきた「文化」が通用しないからこそ、意外な可能性が見つかった時期でもありました。

まず、これまでと明らかに違ったのは、学生が自分の学びを自由にカスタマイズするようになったことでした。

私の授業は、オンライン・リアルタイムで実施していました。つまり、決められた時間に指定したZoomのルームに集まってもらい、チャット機能なども使いながら双方向的に、授業を進めていました。

ただし、その時間に集まれなかった学生のためのバックアップとして授業の様子を録画し、録画をクラウドに保存して、授業後にそのデータにアクセスするためのURLを学生全員に配布するようにしていました。

すると熱心な学生は、リアルタイムで授業に参加したあとで、さらに録画を視聴して、授業の復習をするようになったのです。ある授業では、何と、「部分的に再生した回も入れれば、合計5回見た」という強者もいました。

繰り返し見るだけでなく、分かっている内容については、早送りすることもできたでしょう。逆に部分的に分からない場合は、そこだけ再生を停止して確認しながら見た学生もいたはずです。

「画像を拡大してみられたのが便利だった」と言う学生もいました。芸術の授業にとって、学生が自分の手元で絵画や彫刻の細部を確認できるのは、非常に大きなメリットです。これは、リアルの講義室でスライドを前方に投影するだけの形態では、絶対に実現できないことです。

授業動画を学生に渡すというだけで、きわめて即物的なレベルで、学びのカスタマイズが起こりました。

授業動画を渡すというのは、極めて単純で簡単にできる工夫のはずです。けれども、少なくとも私は、コロナ禍の前には一度もそれをやったことがありませんでした。自分でも意識していませんでしたが、物理的に対面して受けなければ授業にならない、というライブ性を重視する「文化」に縛られていたのです。

その象徴が「出席」という考え方でした。

席について、授業に出ること。これまで大学では学生の出席を厳密に管理しましたし、逆に学生からも「出席をとってほしい」という要望を受けることが多々ありました。ですが、言うまでもなく、出席が学びを保証するわけではありません。

むしろ教師と対面していないことによってこそ、学生は自分の興味にしたがって講義の焦点を作り、内容を伸び縮みさせたり、拡大縮小させたりしながら、自分の学びを編集できる。もちろん出席しないことがもたらす孤立感など、考えなければいけない問題もあります。しかし、新たな可能性が、コロナ禍によって見えてきました。

「夜の散歩にぴったりでした」

学生が自分の興味に従って学びをカスタマイズしていくと、その先には、生活と授業が混じり合うような状況が生まれるのかもしれません。

そう思ったのは、ある学生が、最終回の感想に「授業の雰囲気が夜の散歩にぴったりでした」と書いていたからでした。「夜の散歩にぴったり」なんていう感想は、もちろん今までに経験したことのないものです。

授業の動画を、おそらくはスマートフォンを使って聞きながら散歩していたのでしょう。従来の出席至上主義的な価値観にしたがえば、「散歩しながら授業を受けるなんてもってのほかだ！」と非難されてしまうかもしれない、そんな状況です。でも、本当にそうでしょうか。

多くの思想家や芸術家が書き記しているとおり、よいアイディアが生まれるのは、お風呂に入っているときだったり、人と雑談しているときだったり、ぶらぶらと散策しているようなときです。従来の価値観からすれば、「集中」は善、「散漫」は悪でした。でも、案外「散漫」な場面にこそ、アイディアはやってくるのです。

もちろん、その背後には、部屋にこもって長時間読書をしたり、アトリエで試行錯誤を重ねたりする時間があります。このような「集中」があるからこそ、「散漫」の時間に、よいアイディアが思い浮かぶのに違いありません。

だとしても、このことが意味しているのは、考えるという行為が、本来的に頭のなかで完結するものではなく、体を動かしたり、人と話したり、外界からの刺激を受け取ったりすることによってむしろドライブされるものだ、ということです。

それにひきかえ、従来の講義のスタイルはどうでしょう。硬い講義室の椅子に座らせ、じっと前を向かせ、長時間集中して頭だけを使うことを強いる。それは「考える」という行為の摂理からすると、必ずしも自然な環境ではなかったのかもしれない、という気がしてきます。

授業によっては学生が150名程度、ぎっしり着席することになります。まわりに人がたくさんいる窮屈な環境では、考えるどころか「いる」ことすら苦痛な学生もいたことでしょう。

大学教育にもどこか軍隊式の規律訓練的な傾向が残っていて、教育には強制と忍耐が必要だと暗黙のうちに思い込んでいたところも否定できません。もちろん、近年では反転教育が進んだり、参加型の授業形式が浸透したりして、以前のように教員が一方的に教授するだけが授業ではなくなりました。けれどもそれとて、参加を強いていることには変わりありません。

だとすれば、どうでしょう。もしかすると、夜、人々が寝静まった住宅街で、生暖かい夜風を浴びながら、講師が口にするダンテの言葉に、あるいはニーチェの言葉に耳を傾け、歩くリズムに合わせてその意味を反芻するのは、ぎゅうぎゅう詰めの講義室に出席するよりも、ずっと学習効果が高い可能性があります。疲れたら休むこともできます。気になることがあれば停止して参考文献に目を移すこともできます。そんな学生の生理に沿った学びの可能性があることを、オンライン講義によって気づかされました。

任せてこそとがる

それは本当の意味で、学生の能動性が問われるということでもあります。

自分にあった仕方で学びをカスタマイズできる学生は、より深く学ぶようになります。そうでない学生は最小限の労力で単位を得ようとするでしょう。コロナ禍で大学による学生に対するケアに隙ができ、講義の内容を自分ごととして捉える力が、真に問われるようになったのです。

当然、学生ごとの学びの質の差は拡大するはずです。

これまでの日本の大学は、この差をよしとはしてきませんでした。「入学した学生は可能なかぎり卒業させる」という前提が強いからです。

けれども、それが学生の管理につながり、主体的な学びを阻害しているのだとしたら、その前提を考え直してもよいのかもしれません。

このことと、「とがる」ことは、おそらく密接に関係しています。「とがる」ためには、隙をつくること、学生たちに今以上に「任せる」ことが必要です。

思えばこれまでも、学生たちは、管理されていない場面、具体的には授業とは関係のない課外の活動でこそ、しばしば「とがり」を発揮していました。オリジナルグッズの開発、ブックカフェの開催、哲学研究会……学生が自らやりたいと声をあげた活動をサポートする機会が何度かありましたが、そういった場面では、それぞれが自分の得意なことを発揮しながら、まさにパズルのピースを組み合わせるようにして、プロジェクトを成し遂げるのです。

同じように、授業においても、学生に今以上に任せることができれば、差は広がるかもしれないけれど、「とがり」はより伸びていくはずです。

もちろん、これは「落ちこぼれの学生を振り落とす」ということではありません。主体性を重視するからといって、うまくいかなかった学生を自己責任だと言って突き放すようなことはするべきではありません。

メンターやアカデミックアドバイザーの活用など、大学内でできることもたくさんあるでしょう。あるいは「Ａ大学でうまくいかなかったらＢ大学やＣ大学に移れる」といった柔軟な転入学のシステムも構想できるかもしれません。

逆にいえば、このようなケアの制度が整うならば、大学側も、もっと学生に学びを任せることができるようになるはずです。オンライン講義の実践は、そのようなことまで問いかけていたように思います。

手を動かしながら考える

オンライン授業で気づいた学びの可能性は他にもありました。先に「考える行為が頭の中で完結しなくなった」と指摘しましたが、以下に指摘することも、この点に関係しています。

私が担当している芸術の授業では、科目によっては、学生に作品の制作をさせています。最終的には、自分でテーマを決めて作品を作ってもらうのですが、いきなりゼロから作品を作ることは難しいので、授業中に簡単な課題を出して、作品を作る練習をします。

出される課題は、たとえばこんな具合です。

「《浮かぶ電球》というテーマでどのような作品が可能か、計画を立てよ」（ちなみにこのテーマは、アンディ・ウォーホルが、ベル研究所のエンジニアであったビリー・クルーヴァーに相談したとされるもので、《Silver Clouds》〔１９６６〕として実現しました）。課題を渡してから20分程度考える時間をとり、それから学生に発表をしてもらいます。

最初は、オンラインの形式だと制作の授業はやりにくいかな、と思っていました。しかし、やってみると結果はむしろ逆でした。作品制作は、オンラインのほうがはるかにやりやすいのです。

なぜか。理由は簡単です。多くの学生が自宅からリアルタイムで聴講しているので、作品を作るのに必要な材料が、いくらでも身の回りにあるのです。

水を注いだグラスに注目して「光が浮く」感覚を実験してみせる学生、電球の影に注目して不思議な写真を撮ることを試みる学生、中にはその場でプログラミングのコードを書き始める学生……。講義室で授業をしていたときは、せいぜいアイディアを紙に書くくらいしかできなかったのに、オンライン授業では実際に試作品を作ることができるようになったのです。

このことがもたらした変化は大きいものでした。なぜなら、作品のアイディアを練るのに、「手を動かしながら考える」ことができるようになったからです。「試作品を作れる」ことはそれほど問題ではありません。「作りながら考える」ことが重要です。

頭の中で考えているかぎり、思いがけないアイディアはそうそうやってきません。けれども、身の回りにある素材をさわりながら、あれこれ試行錯誤をしていると、素材に触発されながら、思ってもみないアイディアに出会うことができるようになります。

つまり、制作に「偶然」の要素が入り込むようになったのです。「グラスに下からライトを当ててみたら面白いことに気づきました」。学生から、偶然の発見についての報告がたくさんあがりました。こうした偶然の発見も、学生の「とがり」を促します。

まったく逆説的なことです。なぜなら、授業がバーチャル化したことで、考えることに関与するフィジカルな要素が増大したのですから。

もちろん、すべての授業がバーチャル化によってよい変化を経験したわけではないでしょう。実験科目やウェルネス科目など、バーチャル化がどうしてもフィジカルな要素の減少につながってしまう科目もあります。

科目ごとの性格の違いがある以上、「オンラインかリアルか」という二択に一般論で答えることはできません。けれども、オンライン授業の経験が、これまで当たり前とされていた大学の授業のやり方を、考え直す機会であったことは間違いありません。

とがるためには「信頼」が必要

授業では、学生が作った試作品や作品の発表をするために、Zoomだけでなく Instagramも併用していました。

Instagramは写真を共有しやすいソーシャル・ネットワーキング・サービス（SN

S）です。学生にはニックネームでアカウントを作ってもらい、そこに作ったものの写真や動画をアップしてもらいました。受講生同士がお互いにフォローしあうことで、全員の試作品や作品を見ることができる仕組みです。

このInstagramの使用も、意外な効果をもたらしていました。ちょうど石膏デッサンをしているときのアトリエの中のように、学生同士がお互いの制作の進捗を「チラ見」できるようになったのです。

近年、大学の建築デザインは学習室や講義室を一部ガラス張りにすることが流行《はや》っています。他の学生の学ぶ様子が「チラ見」できることが、本人の学びを刺激するのです。この授業用Instagramも同じ効用をもっていました。

興味深いのは、講義時間以外にも、興味をもったことをふいに投稿する学生があらわれたことでした。すると、別の学生がそれにコメントする。講義室とは違って、Instagramはいつでも出入り可能です。気になったときに覗《のぞ》いてみれば、他の学生の気配を感じられる。学生たちの関係は、「出席」によって区切られた時空間だけに限定されるものではなくなっていました。

おそらく、多くの学生が「作品を作る」という初めての経験を前に、とまどっていたのだと思います。作品を作るというのは、まぎれもなく「とがる」経験だからです。だから、他の学生の「様子見」をしたかった。

そうする中で、「そこまでやっていいんだ」とお互いのとがりを許し、刺激を受けるような関係が生まれていました。これは一歩間違えると、「空気を読む」ような抑制的な効果を生みかねません。しかしこのときは、オンラインの、しかもリアルタイムではないコミュニケーションだったので、一人ひとりが適度にバラバラな状態にありました。バラバラだけど、ともにある。そんな場が生まれていたのです。

自分ひとりで、でもともにあること。そう、コロナ禍で感じたのは、とがるために必要なのは、「信頼」なのではないか、ということでした。

とがるというと、自分の世界に閉じこもって、特殊な点に向かって突き進んでいくイメージがあります。けれども、今必要なのは、そのような内向きの「とがる」ではないように思います。

とがるためには、そもそも「とがっても大丈夫」と思える環境が必要です。とがっても自分が否定されないと思えること、ここで要求されていることと違うことをやったとしても、受け入れてもらえると思えること。つまり、切断を許すようなつながりが必要です。

それは、一言で言えば「信頼」ということになるでしょう。自分が突拍子もないアイディアを口にしたとしても、必ず誰かがそれに応答してくれるだろうと思えること。具体的には、コメントをくれたり、参考になる論文を教えてくれたり、誰か別の人を紹介してくれたりするだろうと思えること。そうしたことが、「とがる」を可能にするのではないでしょうか。

図8 MITのポスター

とがりは丸い

「とがる」ために必要な「信頼」。

思い出すのは、MITの無限廊下で見た一枚のポスターです。それは、人文・芸術・社会科学学部が、学生に向けて、人文社会系の科目に登録するように呼びかけるポスターでした(図8)。

ポスターの左半分には、丸くくり抜かれた円のなかで、学生らしき黒人女性二人が写っています。その右側には、大きな文字でこう書かれていました。「Be your whole self.」ポスターにはいくつかのバージョンがあり、アジア系の女性が微笑んでいるものや、白人の学生が実験をしているものもありました。

Be your whole self.「ありのままのあなたで」と訳したくなりますが、ややニュアンスが異なるように思います。なるほどと思ったのは、「まるごとのあなた whole self」という表現でした。

大学生で、遺伝子工学を専攻していて、アフリカ系アメリカ人で、南部出身で、女性で、演劇にも興味があって……例えばそんな複数の側面を持つあなたを、隠さず全部を出していい。ニュートラルな「遺伝子工学の研究者」ではなく、アフリカ系アメリカ人として、あるいは女性として、遺伝子工学を研究することこそが強みなのだ。そう投げかける姿勢がこの「Whole」には含まれているように感じました。

つまり、そのポスターがうたっているのは、「人と人のあいだにある多様性」ではなくて、「一人の人の中にある多様性」なのでした。あるいはむしろ「無限性」と言ったほうがよいかもしれない。その「すべて」を、まずは自分が尊重しようというのが、そのポスターが伝えようとしているメッセージでした。

なるほどと思いました。「特定の自分」を出しているだけでは、実はそれは「とがる」ことではない。一般にはネガティブな反応をされるかもしれない一面も含め、自分の存在をまるごと受け止められるような環境があってこそ、人は「とがる」ことができる。それは信頼であり、MITにはそのような文化がある。人文社会系の役割は、この「Whole」を育てることだ。そう言っているように感じました。

日本で「多様性」というと、意味されるのはたいてい「社会のなかの多様性」のほうです。つまり、一人ひとりの人間のあいだの違いとしての多様性です。

この意味での多様性は、しばしばラベリングにつながってしまいます。「多様性のために女性ならではの視点でアイディアを出してほしい」などと、かえって女性としての役割を押し付けられてしまうのです。もちろん女性ならではの視点を盛り込むことも重要ですが、いつもいつもそうした役割を期待されるとしたら本人も窮屈でしょう。

けれども、このポスターがうたっているのは、「ひとりの中にある多様性」です。「役割」や「空気」にしばられていると、人は自分の中の多様な側面を出すことができません。そこには「とがり」は生まれないでしょう。

しかし、「信頼」があれば、突拍子もない自分を出すことができます。相手の中に自分には見えていない面がある、ということを尊重できる関係であれば、お互いの潜在的な可能性を引き出しあうことができます。

これこそ「とがる」ということでしょう。「Whole」としての「とがる」。「とがる」というと先が細くなっているイメージがありますが、むしろ円や球こそ、とがっているのかもしれません。とがっている人ほど、丸いのです。

第2章「「とがる」ために必要なもの」（伊藤亜紗）は、「尖った研究・尖った学びは「隙」から生まれる――コロナ禍の東工大で見えたオンラインの逆説的効果」（『中央公論』２０２１年２月号）を、大幅に加筆して再編集したものです。

第3章

パッションと志のリベラルアーツ教育へ

上田紀行

コロナ対策のていたらく

いま世界は科学技術を熟知したリーダーを求めています。地球環境問題、食料問題といった解決すべき課題、そしてIT、遺伝子工学、といった現代社会を牽引していく分野は、どれも科学技術に密接に関連しています。

にもかかわらず、これまでのリーダー像は文系出身者のイメージでした。世界には、理論物理学の研究者であったドイツのメルケル首相などの理工系出身者のリーダーも少なからずいますが、日本ではどうでしょうか。首相をはじめとした政治家、会社のトップである社長の多くは文系出身者です。

しかし今回のコロナ禍を見てみても、もし政治のトップが科学者マインドをもった理工系出身者たちであったら、コロナ対策がこんなていたらくになっていなかったのではないかと考える人は少なくないでしょう。科学技術を単に知っているだけでなく、その原理を、応用を、そしてその功罪を深く探究した経験のある理工系出身の「とがったリーダー」を日本社会は待望しているのです。しかしそのためには従来の理工系教育だけでは十分ではありません。研究者を目指す学生も文明や社会に関する深い知見を持ち、その中からまさに未来の社会を創造していくリーダーたちが輩出していく、そのような教育がいま求められているのです。

ミスマッチ感から〈神〉の領域へ？

東工大でリベラルアーツ教育改革とはどういうことでしょうか？　理工系大学なのに、リベラルアーツ教育に力を入れるなんて、どうしてですか？

２０１６年に東工大にリベラルアーツ研究教育院が設立され、学士1年生から博士課程までリベラルアーツ科目が必修化されました。さらに学士3年生全員が「教養卒論」を執筆したり、「志を育む」をキーワードとした少人数ディスカッションや学年を超えた学び合いの場を創設するなど、斬新な教育改革が開始されたとき、多くの人たちからそのような問いが投げかけられました。

しかし現在、少なくとも全国の教育関係者からそのような質問を受けることは少なくなってきました。この4年間で「何か東工大ですごいことが起きている」という情報は全国に行き渡っていき、「理工系大学でリベラルアーツ」という当初のミスマッチ感も、むしろ大きなインパクトとして捉えられるようになりました。

2019年9月に開催された教育関係の学会で私は東工大の教育改革について講演したのですが、講演後に著名な教育学者から「教育関係者の間では、東工大の教育改革はもう〈神〉の領域だと言われていますよ」とコメントされました。自分たちが既に〈神〉になっているとは思いもよらず、びっくりしてしまったのですが、改革の準備段階からの取り組み、そして新カリキュラム開始後の奮闘を思い出し、その苦労も若干は報われたのかと思ったことでした。

というのも、私たちが東工大の一大教育改革を構想したとき、それは単に東工大という一大学の改革を考えていたのではありませんでした。それはいまこの日本が直面している大問題への、大学からのひとつの回答、提案としての大学改革だったのです。私たちのこの新しい取り組みがまずは全国の教育関係者に広がり、刺激となっていることはたいへん嬉しく思っています。

東工大のリベラルアーツ教育改革は〈神〉だ……これはもちろん、東工大が何か「宗教」をやっているという意味ではありません。この〈神〉は若者言葉の〈神〉に近いものでしょう。「神だ！」「神ってる！」というのは、「ほんとにすごい！」という感嘆の気持ちです。そしてもうひとつ、「なかなかできることじゃない！」という意味もあるでしょう。

その内容もすごいし、「なかなかできることじゃない」、これは東工大を訪れるジャーナリストの人たちが必ず口にする言葉です。「どうしてこのような教育が可能になったんですか？」と質問されるのですが、その意味は二つあります。

第一は、この斬新なプログラムがいかに発想され、具体化されたのかという、カリキュラム構築の理念と実践についてです。これまでの大学教育の枠を超える創意があり、それは狭い意味でのこれまでの教育学の範疇を超えている。それはどのような発想から生みだされたのか。

そして第二は、「どうして教員がこの教育プログラムを受け入れたのか。それどころか熱い情熱を持って取り組んでいるのか？」という、教員と教員組織についての問いです。他大学の教員事情に詳しいジャーナリストからは必ずこの問いが発せられます。自分の研究が第一であって教育は二の次で、教えるにしても自分の専門領域のみに限定したい大学教員が多い中で、東工大のリベラルアーツ研究教育院の教員たちはどうして少人数クラスでのディスカッションのファシリテーターなどに熱意を持って取り組んでいるのか。それも専門分野で多くの業績を挙げている著名な教員たちが多いにもかかわらず、というわけです。

東工大のリベラルアーツ教育における教員たちの立ち姿は、これまでの日本の大学の状況を深く知る者にとってはほとんど奇蹟のように映るらしいのです。

ということで、本章ではこの二つについてドキュメントタッチで述べていきたいと思います。東工大教員歴25年、２０１２年からは新設のリベラルアーツセンター教員となり、２０１６年からは教育改革の柱であるリベラルアーツ研究教育院の院長となった私による、改革の志とその苦難、涙もあり感激もありの東工大リベラルアーツ版「プロジェクトX」をどうぞお読みください。

評価ばかりを求め、質問をしない学生たち

私が東京工業大学に着任したのは１９９６年、バブル崩壊後のことでした。そのときまず印象的だったのは、授業中の質問がとても多く、そしてその質問が非常に鋭いことでした。「先生、この前の講義での事例と今日の事例は矛盾しているんじゃないでしょ

うか。どちらが基本法則で、どちらが例外的事項なのでしょうか?」とか、「文化人類学は、文化によってものの考え方や行動様式が違うということを学ぶ学問だと言われましたが、でも文化を超えて共通する考え方や行動もあります。どこまでが人類としての共通基盤で、どこからが文化的特徴になるんでしょうか?」とか、本質的な質問がどんどん飛んできます。

東工大に来る前は四国の愛媛大学で3年間教えていたのですが、県庁や市役所や地元の銀行や鉄道会社等々に就職したい学生が多く、とても保守的な雰囲気でした。「長いものにまかれるだけが人生じゃない」と講義で言ったら、学生から真剣な顔で「それ以外にどんな生き方があるんでしょうか?」と聞かれたりして、それが冗談でないことを知って愕然としたのを覚えています。

その中で大教室でも少人数ディスカッションを取り入れたり、バリ島の民族舞踊ケチャのリズムをみんなで実演したり、少人数ゼミの合宿では性別を入れかえて議論してみようと、男子学生が女装し、女子学生が男装してゼミを行ったり（もちろん私も女装しました）とか、何とか保守的な雰囲気に亀裂を入れようと試行錯誤する日々でした。

愛媛大学では学生の間に「先生の言うことは正しいので、それをそのまま吸収することが勉強だ」という雰囲気がありました。手をあげて質問する学生も少なく、その中でどのように教室を活性化するかに大きなエネルギーをかけてきましたので、東工大に赴任して、講義中に手をあげて鋭い質問を投げかける学生たちに接して、さすが日本トップレベルの理工系大学の学生たちの論理力、批判力は違うなあと驚いたものです。

「即戦力」重視の20年

ところがその雰囲気はそれからの20年間でどんどん失われていきました。授業で積極的に発言をする学生は減り続け、かわりに増えたのが、レポートでも試験でも評価ばかりを気にする学生たちです。批判的な鋭い質問をするかわりに、「先生、このレポートの評価軸は何ですか？」といったことばかり訊かれるようになった。「もっと質問してください」と促しても、「どんな質問をするのがよいのですか？」と逆に問われてしまう。自分が何をやりたいか、自分が何を知りたいかよりも、自分はどう評価されるか、を考えずにはいられない学生が増えたのです。

これは東工大だけではなく、全ての大学に共通する現象でした。そしてそこには社会的な背景があり、実は学生だけに限った話ではありません。学校の教師も会社員も、誰もが厳しい評価の目にさらされるようになっていきました。評価されない、役に立たない、無駄なことは誰もやらない。そんな時代になってしまったのです。

この20年くらいのあいだ、どの大学でも社会に出てすぐに役立つ「即戦力」の育成が求められてきました。専門教育を前倒しする大学が増え、大学院の重点化も行われました。「大学の国際競争力を高めよ」などと言われ、大学も評価を求めて時流に乗った改革をつぎつぎと進めてきたのです。

しかし、今振り返ってみれば、その「即戦力」重視の改革は、目先の利益獲得に目を奪われて、むしろ日本社会の根本を弱体化させたものであったかもしれません。少子高齢化が進む中、数的に少数の若者にはイノベーションを起こせる創造性が求められていたはずです。まさに「とがった」若者たちです。評価システムは年長世代が作ったもの。その評価システムに疑いを持たず、そこでいい点数を取ろうとする若者たちから、「とがった」創造性は生まれるのでしょうか？　むしろこれまでの評価軸などぶっ飛ばすくらいのエネルギーと斬新さが求められているのではないでしょうか。

「イノベーション」というと、何か実業界の話のように聞こえるかもしれませんが、それは一人ひとりの人生の自由さとも大きな関わりを持っています。自分が他人の評価を気にしながら、社会の、組織の歯車として存在するのか、それとも生き生きとした人生を歩む主人公として存在するのか、そんな人間の根っこのあり方が問われているとも言えるのです。

リベラルアーツとは「自由にする技」

そこでリベラルアーツの登場です。

リベラルアーツ教育は「教養教育」のちょっと新しいバージョンだと思っている人がいるかも知れませんが、そもそもリベラルアーツとは、大学の専門分野の下にあるという教養課程でもなければ、理工系大学における文系科目のことでもありません。リベラル＋アーツ。つまり人間を自由にする技術こそが、リベラルアーツです。

リベラルアーツの起源は古代ギリシャ・ローマ時代に遡ります。当時の共同体、ポリスには自由市民と奴隷がいました。自由市民は自分の頭でものを考え、善きものを追求しながら、ポリスの未来を決めていく人たち。ギリシャでいえば、哲学者のソクラテスやプラトンやアリストテレスのような人たちがその代表です。一方の奴隷は、自由市民が考えたことを実行する。だから奴隷は、自分の頭でものを考えなくてもよいのです。

そして自由市民がもつべき素養が「自由七科（文法学、修辞学、論理学、算術、幾何、天文学、音楽）」と呼ばれるリベラルアーツでした。

私たちが東工大の新組織に「教養教育院」とかではなく、「リベラルアーツ研究教育院」と名付けたのは、まさにその「自由」の意義こそを問い直したいという思いがあったからです。

現代を生きる私たちは一見すると自由ですが、本当にそうでしょうか？　私たちの多くは善きものを追求しながら、自分の頭でものを考えているというより、日々誰か別の人が考えたことに従って生きているのではないでしょうか？

給料をもらって会社で働いているビジネスパーソンには当然、奴隷的な部分があります。それは大学の教員で組織の院長である私も同じで、決められた期日までにこの書類を書け、などと言われて日々奴隷的な仕事にも追われています。だから自分は１００％自由市民という人はなかなかいないでしょう。しかし、人間はどこか自由市民的なところがないと、人生を自分の人生だと到底思えなくなってしまいます。

「自由市民」がいなくなった社会

そして問題なのは、多くの組織に自由市民がいなくなってしまったことです。かつて企業のトップには、しばしば松下幸之助や本田宗一郎のような、すごい自由市民がいました。その下で働く人たちは奴隷的な仕事をしていたかもしれませんが、偉大な自由市民の下で奴隷仕事であっても数年間続けていれば、上司の卓越した人格から薫陶を受け、やがて自由にものを考える術《すべ》を身につけていき、自由市民へと育っていったものです。

ところが今の経営者の多くは、四半期の業績や日々の株価といったものによって、誰よりも自由のない、最もその仕事を厳しく評価される「奴隷」になってしまいました。企業のトップから下っ端まで、誰もが「奴隷」になってしまったら、どうなるのでしょうか？　近年、かつては一流企業と呼ばれた会社で、つぎつぎと信じられないような不正が明るみに出ています。そして、社会が求めるようなイノベーションも思うように生み出すことができない。その背景には、こうした大きな変化があると私は考えています。

偉大な自由市民のために働く奴隷ならば、まだ働きがいがあります。その教育によって自らの中にある自由を育てていくことができます。しかし「奴隷」のために働かされる「奴隷」となってしまっている、それが現代社会の悲劇なのです。

こう書くと、読者の方々の中には、自分の上司の顔を思い浮かべて「そのとおりだ！」と膝を打つ人もいることでしょう。ただ、自分が同僚や部下に対して「奴隷」を強いる「奴隷」になってしまうことがあれば、それは恐ろしいことです。

教育改革前の学生たちは、「レポートの評価軸はどこですか？」と、「評価」に非常に鋭敏になっていました。そしていったん「評価軸はここです」とでも教えようものなら、その評価を狙って、似たようなレポートが続々と出てきます。そういった学生たちは自由市民なのか奴隷なのか。言論の自由のない独裁国家には、体制にとって都合の悪いことを口に出せば処刑されてしまうような国もあります。だからそんな国では国民は型どおり発言や行動をせざるを得ない。

ところがこんなに言論の自由のあるはずの日本で、「こうしたら評価される」と言った途端に皆が同じことを言い、同じように行動する……、それはむしろ独裁国家よりも恐ろしい社会なのではないでしょうか。そうやって育てられた若者たちは、自らの意見や創造性よりも、他からの評価を気にしながら、空気を読み、権力者に「忖度」しながら生きていくようになります。そこには創造性もなく、新しい未来を切りひらいていく力もない。「自分の人生をいきいきと生きている」という実感さえ失ってしまいます。

私たちは教育の名の下で「奴隷」を育ててはならない、その強い決意が「リベラルアーツ」という言葉にはあります。社会全体が人間を「奴隷化」しようとする時代には、「自由にする技」を学生のときから学ぶことが大切です。

私たちがつくった新しいリベラルアーツ教育のカリキュラムは、単に教養をつける、知識を増やす、といったことだけではなく、自らの頭で考え、自らの感性をとがらせていく自由な学生を育てることを最も大きな目的に据えています。社会をこういう風に変えていきたい。こんな人間になりたい。そういう内発的な力をもつこと。それが、人間が自由であるということであり、東工大ではそれを「志」と呼んでいます。「志」を育む教育、それが東工大のリベラルアーツ教育なのです。

改革はいかに成し遂げられたか

さて、東工大の新たなリベラルアーツ教育のカリキュラムに触れる前に、まずは改革の道筋を見ていきましょう。

(1) リベラルアーツセンターの設置（2011年）と新たな試み

東工大はこれまでも文系教養教育に力を入れている大学として知られてきました。和田小六《ころく》学長は、第二次世界大戦における日本の敗戦の原因を深く探究し、東工大の教育の目的を、「健全なる価値判断に従って、科学技術の絶えざる発展に努力すると共に、工業技術に志す自主的思考力と創造的能力とを持つ青年を養成し、以て世界文化の昂揚と人類福祉の増進とに寄与せんとす」(「東京工業大学刷新要綱」『東京工業大学百年史』)とし、教養教育の重要性を強調しました。

「教養教育は、単に専門を選択するために必要な基礎を与えるばかりでなく、専門の知識がその全能力を発揮できるような素地をつくるものでなければならない。両者の間の有機的関係を絶つことはできず、教養教育の実施に当たっては、それがあらゆる専門教育のうちに漲《みなぎ》っていなければならない」

これは現在でも通用する立派な理念です。

戦後すぐに文系教養科目が必修となり、学部4年次まで履修するという「くさび形教育」が確立されました。また著名な文化人を教授として招聘することでも知られ、宮城音弥《おとや》(心理学)、伊藤整(文学)、永井道雄(社会学)、鶴見俊輔(哲学)、永井陽之助(政治学)、川喜田二郎(文化人類学)、江藤淳(文学)など、錚々たる教授陣を誇っていたのです。それらの教員は工学部人文社会群に所属しており、江藤淳教授が工学部の評議員に選出されるなど、学内でも大きな位置を占めていました。

ところがその人文社会群は「大学院重点化」の方針に則った1996年の組織改革において解体されることになります。人文社会分野の教員たちは新たに発足した大学院社会理工学研究科の三つの専攻（価値システム専攻、人間行動システム専攻、経営工学専攻）に分属することとなりました。しかしそのことにより、教員の意識はどうしても所属先の専攻における大学院教育に重きが置かれるようになり、新たな人事も専攻ごとで行われるため、新任教員は「大学院での専門教育が本務で、全学の教養教育は二の次」といった意識を持ちがちになります。「大学院重点化」の施策そのものが専門教育重視であり、人文社会系の教養教育における教育改善等は、その後20年間はほとんど為されないこととなってしまいました。

そして先ほど述べたように、入学する学生の質の変化も指摘されるようになってきます。成果主義等の浸透により、社会全体が「自己評価を気にする」方向、「実利を取る」方向へと押し流される中、学生たちも評価に敏感になり、どの大学においても、入試科目だけを勉強しそれ以外は手を抜くといった入学生が増加していくのです。そして入学後も評価に結びつくことだけに力を注ぎ、人間としての教養が失われていきます。年とともに学生たちの教養力、問題意識を構築する力が低下し、言われたことだけを行い自分からは行動しない指示待ち的な態度が目立ち、社会性や自主的学習能力の低下等が指摘されるようになってきました。

そこで東工大では、新たに教養教育を再考する必要性から、リベラルアーツセンターを２０１１年１月に設置しました。哲学が専門の桑子敏雄教授がセンター長に就任し、２０１２年２月にジャーナリストの池上彰氏と私が教授として着任、13年２月に伊藤亜紗氏が准教授に着任し、４名という非常に小さな組織として16年３月まで活動を繰り広げることとなります。

リベラルアーツセンターの設立のねらいは以下です。

日本の大学教育は、専門性に重点を置くようになっていますが、その結果、「人間としての教養」を軽視する傾向への反省が語られるようになっています。本センターは、このような社会的背景の認識にもとづいて設立されました。

私たちは、「リベラルアーツ」を「人間としての教養」、また、「リベラルアーツ教育」を「人間としての教養教育」と捉え、日本の将来を担う若者たち一人ひとりがみずからの世界を広げるとともに、自己を深める教育の場として捉えています。

東京工業大学の学生は、理工系分野の高い資質をもちつつ、現代社会の諸問題に正面から立ち向かうことのできるリーダーとなることが期待されています。リベラルアーツセンターでは、そのような東工大生の「人間としての根っこを太くする」教育を担うという使命をもっています。すなわち、一人ひとりの人間性を高め、また堅固な社会性を培うための教育です。

このセンターは、学生たちが自分自身の頭とハートから発する言葉で語ることができ、世界を展望する広い視野をもちながら、日本のどこでも、世界のどこでも通用する人間をめざす教育を行います。また、多様で複雑な現代社会において、しなやかな感性と強靭な知性をもって行動し、未来を創りだすことのできる人間を目標として、これからの教育を考えるためのさまざまな活動を実践します。

センターは、学生たちがリベラルアーツ教育の創造にも参加する機会を設けています。若者たちが自分たちの身につけるべき「人間としての教養とは何か」を本学の教員とともに創りだしてゆくのです。リベラルアーツセンターは、教員と教員、教員と学生、学生と学生の議論を通じてリベラルアーツセンターの現代的役割を探る拠点でもあります。

（リベラルアーツセンターＨＰより）

リベラルアーツセンターの活動は三つの分野にまたがっていましたが、どれも後のリベラルアーツ教育改革の種となる要素を含んでいました。

その第一は、多様な講師陣によるユニークな講義や、学生を刺激する催しを開催することでした。パトリック・ハーラン（パックン）、津田大介、高村是州《ぜしゅう》といった著名人による講義のほか、元文科大臣遠山敦子氏とセンター教員とのシンポジウム「今こそ、リベラルアーツ！」、先端アーティストを招いてのシンポジウム「自由について～アートから考える」「テクノロジー×アート～問題提起型のモノづくり」等、様々なシンポジウムを開催しましたが、これは後の「華のある教養教育」というコンセプトへとつながっていきます。

第二には、学生が自主的に企画、運営する「学生プロジェクト」です。３年間のセンター活動期間に、「リケジョ応援プロジェクト」「未来型教養発信プロジェクト」「科目設計プロジェクト」「読書会プロジェクト」「リベラルアーツ・カフェプロジェクト」「東工大グッズ開発プロジェクト」「東工大医療系学生ネットワーク構築プロジェクト」等、14もの学生プロジェクトが生まれ、活発な活動が行われました。

単位が与えられるわけでもない活動に前向きに取り組む学生たちのグループは、学内に様々なネットワークを生んでいった（各プロジェクトの計画書と報告書はリベラルアーツセンターＨＰの「学生プロジェクトアーカイブ」にて参照可能です。http://www.liberal.titech.ac.jp/w/projects-archive/archive/）。

ここでは東工大のヤル気のある学生たちがいかに問題意識に満ち、素晴らしい活動を繰り広げられるかを立証し、場を与えられればその中から創発的な取り組みが次々と生まれていくことを実感させるものとして、実に大きな意味がありました。

そして第三には、海外大学への視察と、学内への報告、提案です。視察は次の３回行われました。

２０１２年10月　米国（ＭＩＴ、ハーバード、ウェルズリー）池上、上田
２０１４年２月　英国（インペリアルカレッジ、オクスフォード、ケンブリッジ）全員

２０１５年１月　米国（カリフォルニア大学バークレー校、CALTECH、ハーベイ・マッド、ポモナ）池上、上田、伊藤

どれも多くの示唆を得られるものでしたが、このうち第一回目の米国東海岸の視察報告が、ちょうど大学改革の開始とタイミングが合致し、その後の教育改革におけるリベラルアーツ教育への大きな期待を生んだという点で、非常に重要な意味を持つことになりました。

（2）パッションこそが教育だ

２０１２年10月に行われた米国東海岸視察は刺激に満ちたものでした（その詳細は池上、桑子、上田の鼎談という形で『池上彰の教養のススメ――東京工業大学リベラルアーツセンター篇』（日経ＢＰ社、２０１４年４月）に収められています）。

まずどの大学もそのミッションとして「世界をより良いものとする」ことを強調していることに感銘を受けました。昨今の日本の大学は「社会のお役に立つ」ことを強調しがちです。それは「学問など役に立たない」という批判に対しての、自らの生き残りを賭けたアピールなのですが、「世界をより良いものとする」と「社会のお役に立つ」に

は大きな違いがあります。「社会のお役に立つ」の主体は社会であり、社会が命じたことを大学は遂行すればいいわけです。

しかし「世界をより良いものにする」と宣言したときに、大学は「より良い世界とは何か」を考え、定義せざるをえなくなります。つまり「良きものとは何か」を考え、未来を切りひらいていく主体こそが大学となるのです。単に社会の役に立っているから大学なのではなく、より良き未来を定義し、実現する知性の府こそが大学なのではないか、そしてそれができる大学こそが世界のトップ・ユニバーシティーと言えるのではないかと気づかされたのでした。

ＭＩＴ訪問も刺激的でした。宇宙工学の権威でもある学部教育統括部長のヘイスティングス教授はわれわれに「すぐに役に立つことは、すぐに役にたたなくなる」と言い、「先端科学は5年で必ず陳腐化する。だから学生にはそれを教えこむことよりも、その時どうやって学び直し、新たに分野を切りひらいていけるかの力を身につけさせることが重要だ。単なるlearnではなく、how to learnを学ぶことが求められている」と強調したのですが、その言葉には目から鱗でした。そしてそれに続けて教授は、「だから時代に即応しながら何千年も続いている文化伝統、例えば仏教やキリスト教などの宗教なども学ぶことが肝要なのだ」と言ったのです。池上彰氏も私も「うーん、その通り！」となったことでした。

どの大学においても強調されていたのは、教えられたことを鵜呑みにするのではなく、批判的思考（critical thinking）をもって自分で感じ、考え抜くという学習の自主性でした。そしてそれとともに学生、教員、教育の質における多様性（diversity）の重要性が強調されていたのです。

刺激的な旅を終えた視察報告書の中ではそれらをふまえて、今後のリベラルアーツ教育への示唆として、「文系科目の包括的カリキュラム作りに責任を持つ組織と統括ディレクターの存在が不可欠である」「学生のコミュニケーション能力の向上をうながすカリキュラムが必須である」等の提言を行いました。しかし当時はその後にこんな大規模な大学改革が待っていようとも思ってもみなかったのです。

ところが視察の行われた２０１２年10月は東工大の学長に新たに三島良直氏が就任し、大学改革が始動しようとしていた月でした。11月20日には「全学科目改革検討部会」が発足します。そして実質的な審議が始まる第2回部会（12月27日）で上田が10名ほどのメンバーを前に視察報告と提言を行ったのですが、振り返ってみれば、その日が東工大の教育改革の方向性にとっての大きな節目の一日となったのです。

その報告の中で特に強調したのは「パッション」でした。ＭＩＴ、ハーバード、ウェルズリーのどの大学でも、多くの教員たちから異口同音に発せられた言葉が「パッション」だったのです。カリキュラムはもちろん大切だ。しかしどんなカリキュラムを整備しても、そこに教えるパッション＝情熱がなければ何の意味もない。

私が「日本の大学教員の中には、自分の専門分野の研究が第一で教育はむしろ自分の仕事の邪魔だと思っているような人もいますが……」と質問すると、どの大学の教務担当教授も「われわれには教育に対するパッションがある。それがなくてどうやって学生が伸びていくんだ。だから単に研究者として優れているだけでなく、教育にもパッションがある教員を採用する、それは教育機関として当たり前のことじゃないか」と胸を張るのでした。

この「パッション」とは第一義的には「情熱」ですが、欧米圏ではより深いニュアンスも含意されています。アリストテレス以来の弁論術における、ロゴス（論理）、パトス（感情）、エートス（人徳）のうちの一つでもあり、またキリスト教文化でのパッションは「受難」という意味にもなり、世界の苦しみを引き受けるという含意もあります。

つまりパッションとは魂の根源から人を揺り動かすような熱い情熱なのです。教育とはパッションである……。その言葉はわれわれを揺り動かし、それ以後の教育改革の根底を流れる大きなエネルギーとなっていったのです。

リベラルアーツセンターでは2013年の1月11日に視察報告会を開いたのですが、年末の全学科目改革検討部会での報告が評判となり、大学執行部は全役員、全部局長にこの報告会への参加を呼びかけることとなり、大学をあげての大規模なものとなりました。当日も熱い議論が交わされたのですが、会が終了した後にひとりの役員が歩み寄り、「ぼくにはパッションが不足しているんだが、どうしたらいいのでしょう?」とつぶやいたのです。この正直な言葉は、むしろその場での「パッション」という言葉がいかに衝撃的であったかを物語るものかもしれません。

(3) 改革の担い手が根っからの「教養人」

しかし、2013年3月に答申がまとめられ、4月よりその方針にそっての文系教養科目の新しい教育プログラムの構想作りが人文社会系教員に打診されたのですが、その進展はあまりかんばしいものではありませんでした。多くの人文社会系教員にとっては、文系教養教育の改革は寝耳に水だったのです。それまで開催されてきたリベラルアーツセンター主催のシンポジウムにも文系教員はほとんど参加してこなかったし、1月11日の視察報告会に大学の役員や部局長が参加する中、文系教員の参加は1名のみという状況で、教育改革への機運はまったく高まっていませんでした。

その状況下で新たなカリキュラムを打診されても、人文社会系の教員は所属先が四つの専攻に分かれており、それぞれの専攻への帰属意識も強く、また各学問分野を尊重するという志向が全体のバランスを取るという方向性に流れ、斬新な案を生みだす機運は見られませんでした。

大学の教育改革は、4学期制への移行等々、全学の大枠を議論する段階で、リベラルアーツのカリキュラムの検討は半年以上行われず、放置されることになります。

しかし9月になってようやく「カリキュラム・シラバス部会」という、新たなカリキュラムを構築する部会が立ち上がり、文系科目の再編もスタートすることになりました。

しかしその秋は私自身の人生に激震が起きた秋でもありました。

13年10月、私は、教育・国際担当の丸山俊夫理事・副学長に呼ばれました。そして「上田さん、東工大のリベラルアーツの教育改革はあなたを柱にして進めてほしい」と言われたのです。

これには驚かされました。私も驚いたけれど、もしその場に他の教員たちがいたならば、もっと驚いたことでしょう。というのも、私は大学の運営というものにもっとも遠い教員だと自分自身も思っていたし、同僚たちからもそう思われていたからです。

私たち文系教員は、私よりも10歳くらい歳上の団塊世代が非常に多く、その先生方が運営を担っていました。ですので、若手教員は将来構想や人事といった、重要な決定にはほとんど関わることがなく、私もそれをいいことにまったく組織の運営には携わってきませんでした。そもそもそういった組織の維持といった仕事には興味がなく、また非常に大ざっぱな性格で事務的な仕事の能力がまったくないという自分の適性も痛いほど自覚していました。周囲の人たちも「こいつには組織の維持の仕事は任せてはいけない」と誰もが思っていたはずです。

そこに「改革の柱となってほしい」という依頼が来たのです。

「いや、私にですか……。うーん、東工大に来て以来、そんな仕事はまったくやったことがないのですが、それをご存じでしょうか？」

と、これは困ったことになったと、言い返したのですが、

「われわれもいろいろと検討してきたんだけど、上田さんしかいないんだよ」と丸山理事も一歩も引きません。

確かにその時期は毎年、団塊世代の先生たちがどんどん定年退職になり、私の上の世代の教員が次第にいなくなっていきました。気付けば若手のはずだった私はいつの間にか年長世代になっていたのです。

「それに、あなたには人を惹きつけるものがある。メディアだけで活かすんじゃなくて、これからは改革にも活かしてください」

そして、丸山理事は決めゼリフを投下してきました。

「われわれ執行部は、ぜったいあなたのはしごは外さない。いったんお願いし、引き受けてもらったら、学内で改革に対してどんな反対が起ころうと、何があろうと、あなたを全力で応援します。だからぜひともお願いしたい」

ここまで言われると、人間なかなか断れません。「わかりました、やります」とお引き受けすることになりました。

即断で引き受けたのにはもうひとつ理由がありました。それはこの丸山俊夫という人物がとてつもなく面白いおっさんで、その人間的魅力の虜になりつつあったからです。

この人と一緒に仕事ができるんだったら、やってみてもいいじゃないかと思えたのです。

丸山氏の専門は金属工学で、この方もずっと組織の運営には関わらず研究一筋の自由人だったのですが、突然工学部長になり、そしてそこから大学の理事・副学長という中枢に入っていった人でした。どんな組織でもトップの人たちはどこか官僚的な匂いがすることが多いのですが、それがまったくない。とにかく人間好きで、それが行動原理であるということが伝わってきます。

米どころの新潟県出身ということで、お酒も大好きで、会合が終わるとニコッと笑って「これから時間ある？」が常套句でした。改革の間はおそらく数十回は飲みに行ったと思うのですが、そこでの話が面白い。とにかく「人間にはにじみ出る教養が必要だ」が口癖で、「論理と理屈だけでやってってもつまらないでしょ」「理工系だけしか知らない人間は、世界のトップ中のトップならいいけど、ちょっとできるくらいじゃダメだよ。教養を身につけないと」と真剣でした。

そして、「実はぼくは奥さんにプロポーズするときもね、新潟出身の歌人、会津八一《やいち》の短歌をパクってプロポーズしたんだよ。そしたら奥さん感激しちゃってさあ」とか、どこまで本当なのか分からないことを言い出します。

そして大学時代の昔話も面白い。丸山氏は日本語学者の芳賀綏《はがやすし》教授の講義を取っていて、たいへんかわいがられたというのですが、ある日芳賀教授から「丸山君、相撲を取りにいかないか?」と言われ、「はい!」と応じると、本郷の相撲部屋に連れて行かれ、まわしを締めて芳賀教授と土俵上で相撲を取ったとか。昔の東工大は先生と学生が相撲部屋で相撲を取っていたのか? 確かに芳賀教授は「日本人論」も多く書かれていて、角界への提言もされている相撲通ではあったのですが……。

私もそうとうお酒がいける口ということで、丸山氏とはいったい何回飲みにいったことか、数えていないので正確なところは分かりませんが、おそらく優に100回は超えていることでしょう。この人と出会ってなければ、私は生涯で大学改革などというものに関わることもなかったと思います。人生を変える出会いというものが、誰しも何回かあると思いますが、私にとっては間違いなく丸山氏との出会いがその最大のものの一つでした。

改革を成し遂げた当時の東工大の執行部は、丸山氏をはじめとして実にパッション溢れる人たちでした。三島学長は、武蔵高校時代はビートルズ命で、バンドと野球に熱中し、カリフォルニア大学バークレー校で博士号を取り、人間大好き、お酒大好きというオープンな人柄で、学長退任の際にはライブハウスを借り切って学長退任ライブを開催してしまうような華のある人。人事・企画担当の岡田清理事・副学長も愛読書は塩野七生で、休暇はいつも奥様とイタリア旅行、そして全国の鉄道全路線を制覇しつつある「乗り鉄」。研究担当の安藤真理事・副学長もむちゃくちゃ熱い人物でした。執行部がみな実に洒落っ気があり、「教養人」だったのです。

（4）「立志プロジェクト」誕生までの苦難

しかし、その転機がとんでもない苦難をもたらすとは、最初にその役を引き受けたときにはまったく想像もできないことでした。

この時点ではまだリベラルアーツ研究教育院という組織形態もまったくできていなかったのですが、まずは学士1年生の科目から検討していくということになり、上田と科学史の梶雅範准教授が取りまとめ役となりました。

そこでわれわれが考えたのは「鉄は熱いうちに打て」、すなわち入学直後に全学生にインパクトあるプログラムを提供しなければいけないということでした。これまで多くの理工系大学においては、入学直後から文系科目は「できるだけ楽して単位を揃えるもの」と考える学生が多かったのです。私自身もかつて大学入学時は理系だったのですが、恥ずかしながら1年生の時はその考えに洗脳されていました。それで1年間やってみて楽に単位を取れる科目ばかり取っていてもダメだと気づき、2年目からは考えを変えたのですが。ですので、理系における文系科目の認知は昔からあまり変わっていなかったわけです。

もちろんリベラルアーツセンターの学生プロジェクトに集う学生のように、自主的かつ真摯に人間性、社会性を深めようという学生もいますが、それらの学生は少数派であり、周囲からは「変わり者」扱いされることが少なくなかったのです。しかしその状況が続いたのではどのようなカリキュラムも機能しないでしょう。入学直後にマインドセットを切り替える強力なプログラムが必須だったのです。

さて、その時に私たちが一致していたのは、それは大教室で誰かが講義をするようなものではなく、少人数クラスでのディスカッションではないかということでした。どんなインパクトのある講義でも、一方的に語られる方式では学生に届かないでしょう。大教室での講義は負のメタメッセージを学生に発しています。それは「君がいてもいなくても、世界はまったく変わらないよ」というメッセージです。出席しても欠席しても先生は同じ講義を粛々と進めていく。そんな講義を受け続けていたら、学生は「自分が世界を変えていくんだ」という意識を欠落させていくでしょう。

しかしそこにはジレンマがありました。1100人の入学生を少人数クラスに分けるのでは、担当教員の数が圧倒的に足りないのです。人文社会系教員の数は定員が19人。30人クラスを40クラス作ると、一人あたり2クラス以上も持たなければいけません。

その時思い返されたのが、池上、伊藤と上田で視察した、カリフォルニアのハーベイ・マッド大学のことでした。アメリカのリベラルアーツ・カレッジのほとんどは文系なのですが、ハーベイ・マッド大学は理系のリベラルアーツ・カレッジです。理系なのですが、初年時から文系の教育も手厚く行っています。そして「卒業10年後の年収ランキング」で全米第一位なのだとか。私たちTokyo Tech（東工大）の文系教員の訪問ということで、先方の文系教員全員が集まっての議論の場を設けてくれました。

そこで驚かされたのが、ハーベイ・マッドのほとんどのクラスが学生5、6人くらいのゼミ形式なのです。学生にもインタビューしたのですが、「寝坊したりすると先生から「どうしたの?」って連絡が来るので、怠けられない」とのこと。教授たちにも、「優秀な理系学生にこれだけの文系教育を修めさせるわけだから、全米一の高給取りになるのは当たり前」といった余裕が感じられました。

そこで私たちが「東工大の場合、文系の講義は大教室なんだけど」と質問したところ、文系主任が「君の講義は大教室だったよね」と女性の同僚に水を向けると、その先生の講義も15人だとか。15人を大教室と呼んでいるハーベイ・マッドと、50〜200人もの講義が当たり前の東工大では何もかも違いすぎると絶望的な気持ちになりました。

しかしそこで先方からひとつアイディアが出ました。「全ての講義が少人数でなくても、1年に1回少人数のクラスがあるだけで、ずいぶん違うと思うわ」なるほどと思いました。

私たちのアイディアはこうです。大教室の講義と少人数クラスでのディスカッションを組み合わせて、新入生全員必修のプログラムは作れないだろうか。何回も検討を重ね、こうして2013年10月に「東工大立志プロジェクト」の骨子が生まれました。入学直後の第一クォーター（1年4クォーター制）の毎週月曜日と木曜日のうち片方を午前・午後に分け、学年の半数ずつに向けて大教室で講義を行い、もう片方を30人規模の少人数クラス（午前・午後で各20クラスずつ）でのディスカッションにあてるというものです。

その時の梶先生のメモがこれです（まだ「文系導入101」という仮称になっています）。

文系導入101

アカデミック・リテラシー（読解・作文・学習法・研究法）、コミュニケーション・リテラシー（発表・討議）、ソーシャル・リテラシー（学外活動・キャリア構築）に関わる教育を通じて、幅広い「基礎力」「主体性」を身に付けさせ、かつ人文・社会系の学問世界に触れさせて、文系教養科目への能動的な学習の動機付けを与える。

新入生全員に強く訴えかける科目を目指すが、大教室の講義だけではどんな素晴らしい講師を招いても学生は受動的になってしまう。さりとて少人数クラスだけでは各クラスの扱う内容に偏差が出てしまい、なおかつそれだけ多くのクラス数を運営するにはマンパワーが圧倒的に足りない。ならばその二つを組み合わせることで互いの長所を相乗的に活かすことができるのではないか、理想と現実をいかに両立させられるかの検討から、この「東工大立志プロジェクト」という講義の概要が決まったのです。

しかし、そこに激震が走ります。教養教育の実施母体としての「教養教育院（仮称）」への改組の発表です。

（5）激しい攻撃、大混乱

社会理工学研究科の四つの専攻に分属した人文社会系教員（政治学、法学、社会学、文学、哲学、美学、文化人類学，科学史等々の教員たち）、教職課程担当の教員、健康・スポーツ科目担当の教員、外国語研究センターに所属する教員、留学生センターに所属する教員、リベラルアーツセンターに所属する教員を集めて「教養教育院（仮称）」を新設し、文系教養教育の実施部局とするという案が発表された2014年3月、それはまさに関係教員に激震をもたらすものでした。

「教養教育院」は、リベラルアーツセンターによるMITほかの視察報告会での「文系科目の包括的カリキュラム作りに責任を持つ組織と統括ディレクターの存在が不可欠である」との提言の実現といえます。しかし、その組織が教員の配置換えを伴う実質的なものであるべきか、所属は変更せずに参加するバーチャルなものであるべきかは、改革の初期から多く議論されてきました。改革が進む中で、やはり本務先が分かれていてはその部局の都合が優先してしまい、強力な教養教育が行えないだろうということが徐々に明確になっていきました。

しかしその構成員が明らかになり、様々な軋轢が生まれていきます。外国語研究センター、教職課程、健康・スポーツ科目、留学生センターの教員にとっては、よもや自分が「文系教養科目」を担当する部局の構成員になるとは予測していない教員も多かったことでしょう。

またそれ以上に抵抗感を持つ人文社会系教員も多数いました。「教養教育院（仮称）」に所属が移ってからも大学院担当教員であり続けるわけですが、所属先が大学院から移るということで「これは降格人事だ」と発言する教員もいて、また「教養教育などは助教にやらせるべき仕事であり、教授の仕事ではない」と公の場で発言する教員もいるなど、数か月の間事態は混乱を極めることになりました。

この改組は執行部の決定だったのですが、「これは上田が先導して、執行部を従わせた結果だ」と妄想を働かせる教員もいて、ある日の教員会議では「上田さん、あなたは信用できないから黙ってろ」といった、集団的攻撃に延々とさらされたこともありました。そんな会議が何回も続き、ある週末にリベラルアーツセンターの同僚だった伊藤亜紗先生から電話がかかってきました。

「上田先生、大丈夫ですか？　私、このまえの会議での上田先生への攻撃があまりにひどいので、あれから吐き気がするようになっちゃって」

「うん、大丈夫だよ。このところ子どもたちと遊ぶ時間を増やしてるんだ。動物園に行ったり、公園に行ったり。子どもたちの成長を見てると、何か浄化されるんだよ」

確かにあまりに辛い状況が続いて、私もほんとうに追いつめられていて、大学に行くのが嫌になりそうな状況だったのですが、小学生と保育園児の子どもたちと遊んでいると、その無邪気な笑顔やエネルギーで、生きる元気が回復されていたのです。そしてそのことを伝えると、伊藤先生は電話の向こうでただ一言つぶやいたのです。

「強い！」

そしてそれは教育担当の水本哲弥副学長と会合をした日でした。学生思いで、実に優しい水本副学長は新潟高校での丸山理事の後輩で、この教育改革は新潟高校同窓生コンビがタッグを組んで進めていたのです。5月だというのに会合中に雷が走り、豪雨となりました。そして会合が終わって「ちょっと一杯行きますか」と二人で飲み始めました。

「上田さんがいまとても辛い毎日を送ってること、分かってますよ」、そして「学生にいい教育を提供しようとこんなにがんばってるのに、なんで一部の教員は自分のことしか考えないんだろう」と、どちらが言い出したのか覚えてはいないのですが、そこで二人が同時に思わず号泣しました。50代後半の男が二人で居酒屋の2階で「ううう……」と泣いている図は、なかなか見られないと思いますが、それほど二人はこの改革に入れ込んでいたのでした。

このあたりの混乱と葛藤は、いかに「プロジェクトX」とはいっても、ここでは書けないことも多く、私も含め多くの教員の心労がマックスになった時期でした。

しかしそうした葛藤の後に、教養教育に熱意を持たない教員が「教養教育院」への着任を拒否して別の部局への所属を選んだことが、その後の斬新なカリキュラム構成を可能にし、「パッション溢れるリベラルアーツ教育」を可能にしたとも言えるでしょう。東工大の新しい教養教育にコミットしたいと望んだ教員が残り、また熱意ある新任教員も加わることで、活力ある教育の場がもたらされることとなったのです。

またその大混乱の中も、最初に「リベラルアーツを教育改革のひとつの柱にする」と決めてから大学執行部の姿勢が一切ぶれなかったことが、いかに難局を乗り切るかの際に大きな力となったことは強調しておきたいと思います。三島学長をはじめ、教育・国際担当の丸山俊夫理事・副学長、教育担当水本哲弥副学長、人事・企画担当の岡田清理事・副学長の、改革当初からの一貫してのリベラルアーツ教育改革に対する溢れんばかりの熱意と共感こそが、改革を支え、前進させる大きな力となったのです。

またこの時の教育改革推進室をはじめとした、改革の原動力となった精鋭の事務職員の方々の熱きサポートも実に大きな力になりました。当時を思い返すとき、ほんとうにたいへんな日々でしたが、それをともに乗り切ったという充実感と感謝の気持ちが湧き上がってきます。

(6) 異質な人たちと部局を組む意味

とはいえそれまでほとんど交流のなかった部局の教員が突然合体して、新しい教養教育を創り上げていくという作業は、最初はまったくの手探り状態から始まりました。教養教育院(仮称)設立準備会主査に任命された私はそれまで東工大に20年間勤務してきたのですが、実は同じ研究棟の1階下の教職課程の教員とも2階下の健康・スポーツ教員ともほとんど話をしたことがなく、別の棟の外国語教員20名のうち面識があるのは3名のみでした。

そうした状況の中、2014年4月に「教養教育院(仮称)カリキュラム検討WG」

が各セクションからの代表を集めて開始され、7月からは新たなメンバーが加わって15人のWGとして再スタートしました。夏休み中に8回会議を開き、新組織設立までに40回もの会議を重ねるなど、極めてインテンシブにカリキュラムの検討を進めることとなりました。またサブWGとして、様々な科目の検討WGも立ち上がり、それぞれ綿密な検討を行ったのです。

こうした作業の中で痛感されたのは、違う部局に属していた教員同士の「どうしてこれまでこの人たちと出会わずに過ごしてきたのだろう」という感慨でした。部局も違えば学問分野も違い、異質な人たちと一緒の部局を構成するということで大きな不安を抱えていたものの、一緒のWGに属して東工大の未来の教育を構想していく中で、そこには多様性を内包しつつも、同じ志を抱いて共感しあえる関係が築かれていったのです。また自分たちが議論し、構想する教育体系が、実際にこれから実現していくのだというワクワクした昂揚感がその場に満ちてきました。

それは教員同士がフランクに何でも議論できる場の創出でした。「文系導入101」という名称が無機的だということになって何か別の名前を与えようということになり、様々な議論の中でいちどは「東工大立志道場」ではどうかということになったのですが、多くの女性教員から「私は「道場」なんかで教えるのはぜったい嫌だ」とクレームがついて差し戻され、皆で再度候補を出し合った後に「東工大立志プロジェクト」となりました。

初年次の「東工大立志プロジェクト」のような全学年が参加するプログラムを3年次でも作れないかというアイディアもそうした中から生まれてきました。学生たちが4年次に研究室所属をする前に、それまでの教養教育を総括する何かを設けられないものか。そうすれば一人ひとりが自分の学びを振りかえり、その成果を研究室での研究に活かせるのではないかと。

そこで、「学生全員に1万字くらいのレポートを書いてもらおう」「それも少人数で批評し合いながらのグループワークで書いてはどうか」「1年次の少人数クラスを3年で再招集すれば、1年からの自分の成長をより振り返られるのでは」「名前は「教養卒論」にしよう」「そのグループ一つひとつに修士1年のアドバイザーが入れば立体的になるのではないか」「修士課程にピアレビューアーを育成する科目を作って、そこでは自分を深めながら人を指導できるリーダーを育成しよう」といったアイディアが次から次へと提案されていきます。ものすごい頻度で会議が開催され、メンバーは寝ても覚めても意識が新カリキュラムへと誘導されており、そこには尋常ならざるケミストリー、相乗的な創発性が生じていたのです。

（7）セクショナリズムを乗り越える

カリキュラムを編成しながら組織名の検討も行われました。「教養教育院」という名前には抵抗を持つ教員が多く、それは「教養」という言葉が、一般社会においては高い意味合いを持っているものの、大学教育においては必ずしもそうでないどころか、低次の教育といったニュアンスを持っていたことによります。

戦後の新制大学において旧制高校が教養部、帝国大学が専門学部となったことにより、教養課程は専門教育よりも一段低い教育であるといった意識が旧帝大内には確実に存在していました。教員内にもそのような雰囲気が存在し、学生にとっても教養科目はできるだけ楽をして単位を取ってさっさと通過するものだという意識がありました。

東工大は成り立ちからも旧帝大とは異なり、和田小六による戦後の改革もむしろ教養教育、人間教育を高く掲げるものであったとはいえ、「教養」という名前を組織名に冠することは年長世代の教員たちにとっては抵抗感のあるものだったのです。

ただ東工大出身者の多い執行部にとって「教養」は低次だという含意はなく、むしろ輝かしい過去の東工大教養教育を想起させる言葉であって、われわれがなぜ抵抗感を持っているのか理解は難しかったようなのですが。ちなみに文系の若手教員からは「自分たちの世代では「教養」という言葉にはそうしたネガティブなイメージはない」という意見もあり、その意識は「大学院重点化」による「教養部廃止」というそれまで20年の大学教育の流れを反映するものだったのですが、やはり年長世代における「教養」への抵抗感は強いものがありました。

また東工大の新しい教育はかつての「教養教育」の復活ではなく、未来を切りひらく斬新なものであるべきだという考えも、「教養」という名前を冠することへの躊躇の一因でした。「教養教育」と言った途端に、大学関係者は「かつての教養部」を想起します。しかし今回の教養教育改革は、教養教育を博士課程まで延伸し、また初年次から学生たちの潜在性を掘り起こし、前向きに社会と未来に向かい合っていく人間力を引き出す教育です。その教育に冠せられる名前は、過去の「教養」とは縁を切り、新時代の到来を予見させるものでなければならないという強い意識がありました。

その中で「リベラルアーツ」という言葉が浮上してきました。既にリベラルアーツセンターのセンター名として冠されていたが、必ずしも学内では定着していませんでした。しかし社会においては「リベラルアーツ」は急激に注目を集めつつあり、私が京都大学全学教育シンポジウムに招かれて「リベラルアーツと大学教育」というタイトルの講演をしたり、様々なメディアからリベラルアーツについての取材を受ける機会も増えてきていました。そして先に述べたように、「リベラルアーツ＝自由にする技」という、人間を主体性、自由な創造性へと解き放っていくイメージはわれわれの目指す新しい教育に合致していたのです。

「教養教育院」から「リベラルアーツ教育院」へ、そしてそこに「研究」を入れることにもメンバーはこだわりました。教育だけをミッションとする部局ではなく、われわれ自身が常に研究し前進していく組織であるべきだ。一人ひとりが研究者として常に探究し続け、学生と一緒に切磋琢磨しながら教育を行っていく。既に道を究めた教員がその成果を学生に教えるのではなく、教員メンバー一人ひとりが道を切りひらきながら学生とともに成長していく。常に前向きに進んでいくダイナミックな組織として「リベラルアーツ研究教育院」という名が選ばれたのです（ここで「研究」の文字が入ったことは、改革後に注目されるようになる「全学のシンクタンクとしてのリベラルアーツ研究教育院」としての使命を先取りするものでもありました)。

新しい組織を、新しい教育を生みだしていくそのプロセスは、多様性を持った初対面の人たちが互いを知り合い、関係を深めていく中で創発を生んでいくという、まさに新しい教育カリキュラムが目指しているものを体現しているワークショップであったともいえます。その意味で、私たちは学生よりも一足先に「東工大立志プロジェクト」を体験していたのかもしれません。

２０１５年3月には、その1年後にリベラルアーツ研究教育院に所属する教員のほとんどが参加した、1泊2日のファカルティ・ディベロップメント研修を湘南国際村センターで開催しました。著書『ワークショップ』(岩波新書)で知られる中野民夫同志社大教授にファシリテーターをお願いしてワークショップを行ったのですが、そこでの体験はまさにこれまでのリベラルアーツ教育のカリキュラム作りがひとつのワークショップであったことを認識させるとともに、私たちの組織そのものがアクティブラーニングを実践しつつあるのだと実感する場でもありました。そのご縁もあって中野氏は半年後にリベラルアーツ研究教育院のメンバーになり、アクティブラーニングの支柱となるとともに、大学全体でも執行部も交えた全学ワークショップを実施し、東工大が目指す方向を発信する、東工大ステートメントを創出する中心となりました。

異なる組織が合体する時、多くの場合はそれらの組織のバランスをいかに取るかにエネルギーの大半が割かれ、その調停のみで疲れ切ってしまいます。しかし私たちリベラルアーツ研究教育院は、もちろん各セクションの固有の事情には配慮しつつも、徹底的に未来志向でした。

未来の東工大のリベラルアーツ教育がいかに学生を、大学を変えていくのか。そしてその学生たちが、東工大の姿がいかに日本を、そして世界を変えていくのか。その未来イメージを共有し、その夢を追い求めていくことが、大学に多く見られがちなセクショナリズムを超えていく原動力となった。それはたいへんな労力が投入された時間でしたが、とても幸せな時間であったのです。

（8）「華のある」教養教育そして「教養」劇場へ

前項の「カリキュラムＷＧ」が新しいメンバーを加えてようやく軌道に乗り始め、メンバーの創造性が相互に引き出されようとしていた２０１４年８月に、主査の上田は二つのメモをメンバーに配付しました。それらはその後のリベラルアーツ教育改革の根底を流れる潮流となりました。

メモ1　「華のある」教養教育へ——特に初年次、低年次において

多くの東工大生にとって教養教育院（仮称）の提供する分野は、高校時代における「不得意科目」と認識されています。あるいは入試に関係ない「無駄な科目」として認識されています。歴史や地理は文系進学の人たちがやればいいので自分たちとは関係ないし、そもそも自分たちはその科目では点数が取れない。「先生、英語ができてれば東工大じゃなく東大に行ってたっすよ」という発言を学生たちから何回聞かされたことか。それはスポーツについてもそうですし、「コミュニケーション」についての「不得意感（劣等感）」を持っている学生も多く見られます。

大学での（文系）教養科目に対しても、そうした高校時代からの不得意感と不必要感が持続しています。となれば不得意な自分が最小限のコミットで点数が取れる講義を選ぶのも当然と言えます。そもそもその科目群には劣等感を持っている学生にとっては、最小の接触で済ませたいと考えるのも当然でしょう。

理工系大学における教養教育を考える時には、総合大学や文系大学とは異なった戦略が必要になります。スタート地点におけるその不得意感や不必要感が転換されなければ教育が始まりません。ですので、特に初年次や低年次においては、その意識転換をもたらす働きかけが極めて重要になってきます。つまり講義のコンテンツを考えるとともに、それ以上に「意識の転換」を図る戦略性が問題になると思います。

そこでは「華のある」教養教育が求められています。「華のある」とは、人をひきつける、活力がある、明るく楽しいといったイメージです。どんなに教養教育が重要だと力説しても、その場にひきつけられるものがなければ、学生たちはすぐに高校までの「不得意感」に戻ってしまいます。ですから、

1　大学における教養科目は、高校までの「科目」と違って点数を取るためのものではない。

2　自分と世界を新たに発見するワクワク感に満ちたものだ。

3　とにかく教養科目の場にいると楽しい！

といった場の構築が求められていると言えます。

もちろんそのコンテンツにおいては、世界の抱える問題、苦悩等の「明るくない」問

題群が取り上げられるのは当然です。また厳しい修練も必要です。しかし教養教育の場が全体として伸び伸びとした明るく自由なエネルギーを発していることが極めて重要だと考えます。「北風と太陽」ではありませんが、高校時代までのネガティブなイメージを大転換させる、「華のある」教養教育が東工大においてはまず求められているのではないでしょうか。

メモ2 「見える」「見せる」教養教育へ――大学を「教養」劇場化する

東工大で文系教養教育に携わってきて感じるのは、東工大生は決して「文系音痴」なのではないということです。授業中に課題を与えて少人数グループでディスカッションをしてもらうと、学生たちは非常に高度な思考力で素晴らしいディスカッションをします。しかしその後で学生たちは口々に「ふだんキャンパスでこんなふうに社会問題や哲学的なことなどをディスカッションする場がない」「真面目な話題を友だちに話そうとしても、ひかれてしまい、ヘンな奴と思われるのが怖くて言い出せない」「東工大にはこんな話をできる雰囲気がない」と言います。

そう言われて非常に複雑な気分になります。彼らは講義の中でのディスカッションはほんとうに楽しみにしていて、自分の目が開かれ、新しい友人ができ、とても有意義だと言っているのですが、しかしこの講義が終わって教室の外に出てしまえば、そんな議論をできる雰囲気は皆無であると言います。しかし限られた講義時間の中の限られた時間だけ語り合うというのはあまりに寂しい。

大学全体の雰囲気を、深い問題を語り合えるような雰囲気に変えていくこと、それが学生の「教養力」を劇的に高めることになるでしょう。それは教養教育を教室の中だけではなく、いかにキャンパス全体で「可視化」するかということではないでしょうか。

文系導入101の会議で、30人弱の少人数クラスをさらにそれを小グループに分けて「この講義の最後に自分たちが選んだ課題についてのグループ発表をする」という課題を与えてはどうかという意見が出たことがありました。それは教師が何かを教え込むのではなく、学生自らが課題を発見し探究し互いに高め合うという、主体性や協調性を高めるという意味があります。しかしそれとともに、この学生グループがキャンパスのどこかで自分たちの選んだ課題について語り合っている姿を他の学生たちにも見せるということに大きな意味があるのです。

キャンパスのいたるところで、学生たちのグループが格差問題について、環境問題について、人間における善と悪について、脳科学の可能性と限界について……等々を語り合う。数人の学生が学食で『ユリシーズ』を開きながら、「この謎をいかに解くか」とか激論していたりする。

教養教育を「見せる」ことで、学んでいる学生の姿が他の学生たちを刺激する。キャンパス全体が「教養」劇場となり、それが東工大の雰囲気を確実に「教養化」していく、そんな夢をいまも思い描いています。

(9) リベラルアーツ教育のカリキュラム

さて、ここまではリベラルアーツ研究教育院が生まれるまでの歩み、そして新しいカリキュラムが生みだされた過程を振り返り、そこに込められた思いを記してきました。実際のカリキュラム構成も既にかなり述べてきましたが、最後に簡潔にご紹介していきたいと思います。

リベラルアーツ研究教育院の教養教育は「大きな志を育む」教育です。それは単に文系の知識を増やして物知りになるだけではなく(それもたいへん重要なのですが)、視野を広め、自分自身を深める中から、一人ひとりが自分自身の「志」を立て、その内発的なエネルギーによって学び、自分自身を活かし、より良き社会を創りだしていく道を切りひらいていくことをねらいとしています。

リベラルアーツ研究教育院は21世紀社会の時代的課題を把握し、その中での自らの役割を認識する「社会性」、自らを深く探究する「人間性」、行動し、挑戦、実現する「創造性」を兼ね備え、より良き未来社会を築く「志」のある人材を育成します。

（リベラルアーツ研究教育院HPより）

社会性——自らが果たすべき役割を認識し、よりよく社会を築いていく力
人間性——自分自身の潜在的な可能性を発見し、正義感を持って使命を探究する力
創造性——多様な他者との関わりの中で思いやりをもって行動し、挑戦、実現していく力

教員と、そして仲間たちとの多様な関わりの中で、学生たちはこれらを自ら発見し、伸ばし、実現していくことが目指されているのです。

そのカリキュラムには次の三つの特徴があります。

1　2年ごとのコア学修科目

コア学修科目は、教養教育の柱となる科目です。大教室での講義と少人数クラスを交互に行いながら、自己発見と学びの動機付けを行う学部新入生向けの必修科目「東工大立志プロジェクト」、仲間とのピアレビューを通して学びの成果を総括する「教養卒論」（学士3年）、大学院でも「リーダーシップ道場」「ピアレビュー実践」「リーダーシップアドバンス」（修士1、2年）、博士教養科目（博士課程）といった東工大ならではのユニークな科目をマイルストーンのように2年ごとに開講しています。

2　主体的な学びのストーリー

コア学修科目のほかに、文系教養科目、外国語科目、ウェルネス科目、日本語日本文化科目の各セクションが多様な科目を提供します。以前のような「単位の取りやすい科目を選択する」ようなやり方では、学生は学士3年の「教養卒論」が書けません。学生

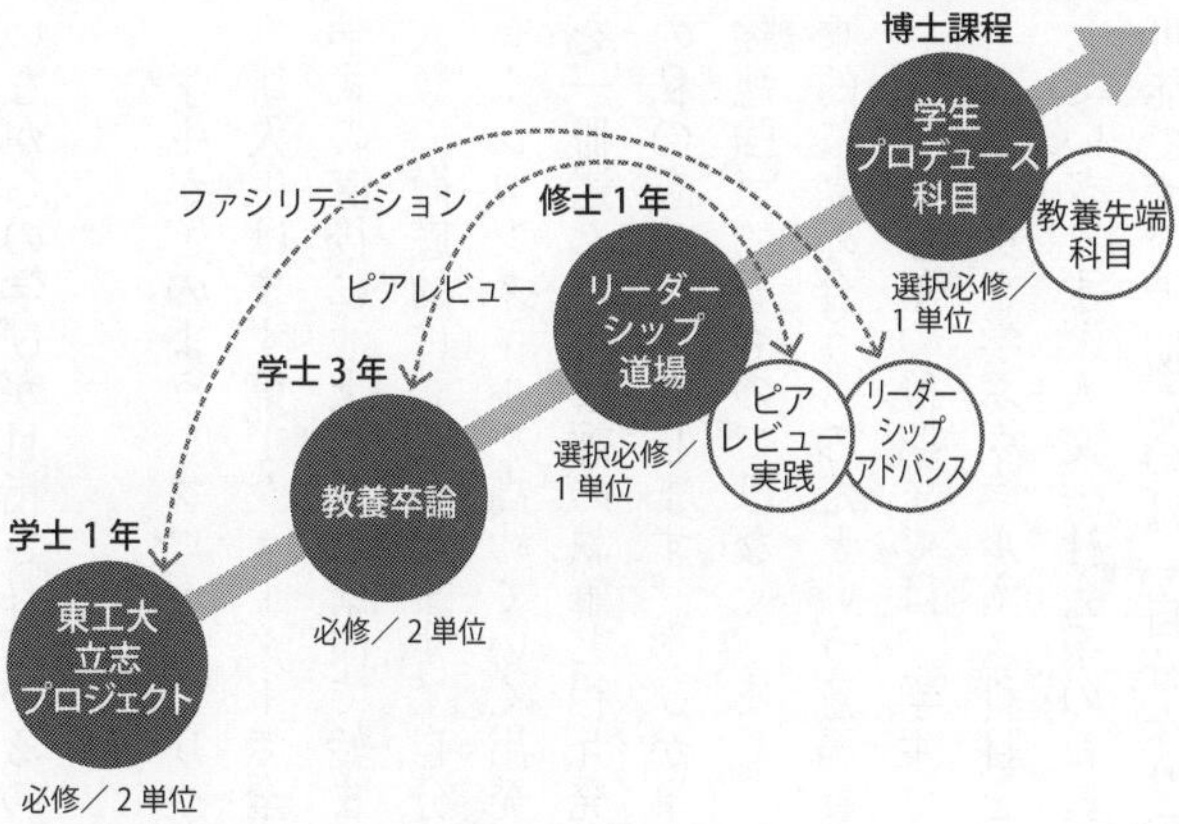

図9　「大きな志を育てる」教養教育の骨格

は、自分の志に即して科目を履修し、学びを主体的にデザインし、それを表現していきます。

3　教え合い・学び合い

同じクラスの仲間や上級生と、教え合い、学び合うグループワークの機会を多数設けています。同学年のグループによる学び合いのほか、「教養卒論」では、リーダーシップ教育を受けた修士課程の学生が少人数クラスにピアレビューアーとして加わり、グループのメンバーとともにピアレビューを行いながら執筆に取り組むなど、学年を超えた学び合いの場を生みだします。水平方向にも垂直方向にも学びのネットワークを形成し、刺激し合いながらの学びが目指されているのです。

学生がどのようなプロセスでリベラルアーツを学んでいくのかを概観しましょう。

新入生はまず第1クォーターで全員が「東工大立志プロジェクト」を履修します。入学式の直後に池上彰氏の講演で始まり、木曜日には著名人の講演を聴き、月曜日には少人数で徹底的に語り合います。自分の所属する学院外にも友人、仲間ができ、コミュニケーションスキルを高めていく出発点にもなります。中間地点ではブックリストから本を一冊選んでの書評の執筆と相互発表、そしてプロジェクトの最後には「入学2か月目の私の志」を発表します。学びが単に勉強して自分のテストの点数を上げるという「受験勉強」的なものではなく、また「正解」はひとつではないこと、学びは仲間たちと相乗的に高め合うものだという意識転換が入学直後から図られています。

その後3年の後期までは、学生は英語、第二外国語などの語学を、体を動かしたりチームワークを学ぶウェルネス科目を、そして人文社会科学の科目を自由に選択して履修していきます。人文・社会系の教員の多くが開講している少人数ゼミを受講することも可能です。大切なのは「自分なりの学びのストーリー」です。「楽に単位が取れる科目」を集めても、３年後期の「教養卒論」が書けません。自分の興味の掘り下げ、自分なりの世界の広がりと成長を意識しながら学ぶのです。

３年の後期には、全員が５０００字〜1万字程度の「教養卒論」を執筆します。自分がこれから取り組む専門分野のどこにワクワクするか、それは世界にどのような貢献をもたらすか等々、内容は自由です。専門とは関係なく、村上春樹論を書く学生もいれば、「東工大の理系講義をどうしたらもっと面白くできるか」など、毎年個性溢れる論文を目にします。学生たちは、1年生の「立志プロジェクト」の時のクラスが再結成されて、懐かしい仲間とともに「初心」を振り返り、1年生からの自分の成長を認識する場にもなります。論文執筆は相互に読み合わせをしながら進めていきますが、そこには修士２年の「ピアレビュー実践」の講義を履修中の先輩学生がピアレビューアーとして参加し、後輩たちの文章作成をサポートします。

東工大の学士学生の90％が修士課程に進学し、他大学からの学生を交えて、1学年1７００人の大所帯となる修士課程では、その半数程度の学生が「リーダーシップ道場」を履修します。仲間の能力を最大限活かしながら目標に向かってチームを導くリーダーシップ力、自分に見合った多様なリーダー像を探究します。そしてその履修者の中の精鋭が、「ピアレビュー実践」のクラスに進み、「教養卒論」のピアレビューアーとして後輩を指導し、また「リーダーシップアドバンス」に進んだ学生は「東工大立志プロジェクト」でクラス担当教員とともに、ファシリテーターの経験を積んでいきます。

博士課程は修士からの進学者の他、多くの留学生、社会人学生が集まる場ですが、そこでの「教養先端科目」では、貧困、公正、教育等のSDGs（持続可能な開発目標）のテーマを取り上げてのグループワークが行われます。テーマが与えられ、各学院の学生がミックスされた4、5人組で2か月にわたって議論を行っていきます。使用言語は英語で、様々な国籍、様々な年齢の学生たちがその多様性を活かしながら、問題解決の政策提言を考えるグループもあれば、画期的な製品を提案するグループもあり、各グループがユニークな発表を用意します。最終日にポスターセッション（コロナ下ではビデオプレゼンテーション）が行われ、学生の相互投票で第1位から第3位までのグランプリを選定します。通常の博士課程の学生は自分の研究室からほとんど出ることもなく、横のつながりはあまりないのですが、ここでも学院の枠を超えたダイナミックなつながりが目指されているのです。

科学技術全体をつらぬくリベラルアーツ

さてこのように学士1年から博士課程まで、1万人の学生たちがリベラルアーツを学ぶ大学、それが東工大です。

冒頭の「なんで東工大でリベラルアーツを？」という質問のように、リベラルアーツ教育は科学技術とは関係ないものだと考える人が今でも少なくありません。けれども、リベラルアーツとは決して文系科目のことではないのです。人間を自由にする技というのであれば、現代においてはむしろ科学技術全体がリベラルアーツになりうるかが問われるべきでしょう。科学技術ははたして人間を自由にする技なのか、それとも人間を奴隷にする技なのか。

科学技術を扱う人間は、最先端の技術、機械、ＡＩ等々を使うわけですから、普通の人よりも数十倍、数百倍もの影響力を社会に対してもつことになります。それを何のために使うのか？　兵器をつくるのか？　苦しんでいる人を救うのか？　誰かを隷属させるために使うのか？　そうした問いはもう避けては通れないものです。理工系の大学であるからこそ、学生はリベラルアーツを学んだ自由市民となり、卒業後もその問いを考え抜いていかなければいけない、大学はその出発点なのです。

２０１６年に始まった改革は5年目に入りました。それは東工大をどう変えつつあるのか、そしてそこから見えてきた新たな課題とは何か、それは次章で池上彰さんと伊藤亜紗さんとで存分に語りたいと思います。

ひとつ私が気付いたことを挙げておけば、講義中の質問が格段に増えたことです。さらに教員の言うことを鵜呑みにしない「批判的思考」が根付いてきました。

そして人文社会書を読む学生が格段に増えました。学生の提出してきたレポートを読むと読書量の飛躍的な増加が感じられます。ちなみに「東工大立志プロジェクト」が行われる4月と5月の2か月間で生協書籍部で売れた人文社会書の数は、改革前の２０１５年度が75冊というお恥ずかしい数でしたが、２０１６年度には７８６冊となり、２０１７年度以降は１３００冊くらいで推移しています。それは驚くべき変化といえるでしょう。

最後に、リベラルアーツ研究教育院パンフレットに掲載されている、学生へのメッセージを記して、本章を終えたいと思います。

尊敬される人になる

尊敬される人が世界を動かす。
でも単に勉強ができるから、お金を持っているからでは尊敬されない。
尊敬される人、それは深い人間性を持った人、深い思いやりを持った人、
そしてこの人となら一緒に未来の希望を創っていきたいと動かされる人のことだ。
君たちは尊敬される人に出会ったことがあるか？
本を読んで感動で打ち震えたことがあるか？
この世界の抱える問題に人生を賭けて向かい合いたいと思ったことはあるか？
世界を広げよう。自分を深めよう。そして仲間と出会おう。
大きな未来の創造へ！
リベラルアーツ研究教育院は君たちを
エネルギーあふれる場へと招待する。

第4章

鼎談
どうしたら日本社会でリーダーが育つか?

池上彰×上田紀行×伊藤亜紗

1　リーダーと言葉の力

新型コロナは「戦争」か、それとも「難民」なのか

上田　新型コロナウイルスの流行という未曽有の事態に、各国のリーダーはそれぞれ対応を迫られました。言葉の力で国民の共感を醸成した人がいたいっぽうで、はたして指導力を発揮できているのかと厳しい視線が向けられている人も見受けられます。いまこそリーダーの真価が問われていますが、その評価はさまざまです。

これからの時代のリーダー像を考える上で、これまでの議論をふまえ、意見交換の場を持つことが重要だと気がつきました。

伊藤　本日はよろしくお願いします。私は池上さんが、「言葉の力」を理系の学生にこそ知ってもらいたいと書かれたことに注目しました。あらゆることを数式で表現しよう

とする東工大生に、「言葉で伝える」という経験が必要なのだと。そこに大切なことがあるように思います。

東工大では、新入生全員がスタートとなる科目が「立志プロジェクト」です。まさに、受験勉強に明け暮れた新1年生を入学直後に容赦なく言葉の世界に飛び込ませる科目だと思います。

そもそも「立志」とは聞きなれない言葉ですが、すごく面白い。「立志」とは、一見すると主語は「自分」で、「自分が志を立てるんだ」というふうに聞こえます。でも、実際に立志プロジェクトの授業を受けると、主語は決して自分ではないことに気がつきます。社会にとって必要なことは何か、人間のみならず生命界全体を考えたときにどうすべきか、数百年後の地球を考えたときにいま自分がすべきことは何かと、他者の視点から問うことが求められるからです。

そうすると、「立志」の主語は「自分」から、「自分ではないもの、自分のまわりの大きな世界」に替わる。この主語の転換は、学生らにとってインパクトは大きいようです。それまでどっぷりと漬かってきた受験という自己本位の発想から、周囲の世界に自分を向ける発想へと、視点の転換が行われる。「立志」には、じつはこんなスイッチが仕込まれているのだと、面白いなと思いました。

池上 それは、自分中心ではない、新たな視点の獲得でもありますね。

伊藤 はい。そんなところから、リーダーと言葉の力について考えてみました。いま私は、指導者たちがさまざまな場面で使うメタファーが気になっています。言葉の力というとき、このメタファーの力は大きく、重要だと思うのです。

たとえば今回の新型コロナで、リーダーたちが使ったメタファーでもっとも頻繁に聞こえてきたのは「戦争」という言葉でした。「これはコロナとの戦争である」と。そこから戦略を立て、戦術を考え、コントロールしていこうとする。そんなリーダーが多かったのですが、そのメタファーは正しかったのか。そもそも新型コロナウイルスとは、人類が戦うべき敵なのかということです。

池上 マッチョな政治家ほど「戦争」と言いたがりましたね。アメリカのトランプ前大統領は「戦時大統領（wartime president）」と名乗り、フランスのマクロン大統領は「我々は戦争状態にある」と言いました。中国の習近平国家主席はこの闘いを「人民戦争」と称しました。

「戦争」をメタファーにした途端、「戦争には犠牲がつきものである」という話になる。

そうなると「死者が出ても仕方がない」といった意識が出てくる。感染して亡くなった人は「戦死」、感染してしまった人は「敵方の捕虜」のように思われて、感染者に罪はないのに「ごめんなさい」と謝ったり、周囲から差別を受けたりする。これらはみな、「戦争」のメタファーによって喚起される意識や感覚です。

伊藤　イタリアの小説家、パオロ・ジョルダーノは『コロナの時代の僕ら』（早川書房、２０２０年）の中で、コロナは結局のところ「難民」なのだと言っています。コロナにかぎらずウイルスはみな、自分たちの本来の住み処《すか》――たとえばコウモリやハクビシンの体――があるのですが、人間の環境破壊によって宿主の動物も本来の場所に住みつづけることができなくなって、新しい住み処を探すうちに人間の生活圏にどんどん進出してきているというのです。コロナもそうやって行き場を探している「難民」なんだと。だから今回のパンデミックも、「難民が引っ越しをしているんだ」と彼は言うわけです。

コロナを「戦争」の敵と捉えるのと、住み処をなくした「難民」と捉えるのとでは、対応は大きく変わるはずです。そう考えたとき、世界のリーダーたちが示した「戦争」のメタファーは、はたして正しかったのか、大いに疑問です。

目の前の状況をリーダーがメタファーで語ることとは、世界観を提示することにほかなりません。そのことにリーダーはもっと自覚的であってほしいし、私たちもその使用に慎重に向き合わなければならないと思います。

池上　そのいっぽうで、ニュージーランドのジャシンダ・アーダーン首相は、「私たちに必要なのは思いやりです。みなさんにお願いしたいのは助け合うことです」と言いました。彼女にとってコロナへの対応は、戦争や闘いではなく、「思いやり」や「助け合い」によってなしうることだったのですね。これは大きな違いです。

「男は」とか「女は」とか言うつもりはありませんが、世界を見渡すと、マッチョなリーダーが戦闘モードを打ち出したところでは、コロナ対策はあまりうまくいかなかったように見えます。それに対してニュージーランドや台湾など女性がリーダーのところでは、比較的うまくいっている傾向があるのではないでしょうか。「戦争」というメタファーで表現した先に、何か綻びが生じるのではないかと私も思います。

上田　ほんとうにそのとおりですね。「戦争」や「敵」というメタファーは、「敵と私とはまったく別物」とか「敵のせいで私は不利益を受けている」という、分断線に基づく表現ですよね。ところが人類史を振り返ってみれば、私たち人類の遺伝子にはウイルス由来のものが多いわけです。そしてその遺伝子がなければ人類が人類となっていないものもたくさんあります。例えば、人の胎盤にある特殊な膜のおかげで母親と胎児の血液型が異なっていても母子は共存できるんですが、その膜の遺伝子がウイルス由来のものだと最近分かったんです。となると、ウイルスに感染していなければ哺乳類も人類も生まれていなかったということになります。われわれは実はウイルス由来なんですよ。ウイルスはわれわれの外に存在しているとともに、既に我々の中にある。我々自身の一部でもあるわけです。

もちろんコロナウイルスの感染の予防、治療対策は重要です。しかしそもそもウイルスとは何かという生物学的な素養や、私とは何か、どこまでが私なのか、私の中にある他者も私なのではないかといった哲学的な深みのある教養があれば、単純な戦争や敵のメタファーには陥っていかないのではないか。こういう時だからこそ、私たちには人間的な深みといったものが求められているように思います。

同調圧力を強いる言葉

伊藤　日本でも、「戦争」のメタファーは使われてはいませんでしたが、お互いを監視する雰囲気や、感染者を攻撃するような空気を強く感じました。感染した人から「感染した自分が悪い」とみずからを責める言葉が出てくるのを聞くたびに、それほど思いやりのない扱いを受けているのかと、気持ちが沈みました。

池上 自粛警察が出てきて、戦時下の隣組や江戸時代の五人組のような互いの監視が行われました。国の方針に従わないと非国民と謗《そし》る、あるいは他県ナンバーの車が入ってくると石を投げたり傷をつけたり、太平洋戦争中の日本での「非国民」を思わせる行為もショックでしたね。

麻生太郎副総理は、日本は他国に比べて民度のレベルが違うのでロックダウンしなくても感染拡大を防げるのだと言いましたが、それは要するに自粛しない者は非国民だという社会の空気によって、皆が行動を規制し合うことで結果的に感染拡大がなんとか抑えられているということが背景にあります。日本の政治家たちは、そうした同調圧力を前提にして、むしろそれを利用して自粛を呼びかけている、そういう面が次第に顕わになっていきました。

上田 そうですね。東工大のリベラルアーツ教育が「自由にする技」を強調するのは、まさに日本社会の同調圧力が我々から自由を奪っているという、強い認識がありますよね。空気を読んでそれに従うだけでは「志」なんかいらないわけです。むしろ「志」なんか邪魔ですよね。そして自分の言葉を持つこともまったく要らなくなってしまいます。

池上　日本のリーダーには、言葉に力がある人が少ないと思いませんか。菅義偉総理の会見を見ても、言葉で人を説得しようとか寄り添おうとか、そういうことが感じられません。官僚が書いた原稿を棒読みするだけです。菅総理だけではありません。日本の政治家のなかに、言葉に魂を込めて人を奮い立たせて、いろいろな困難を乗り越えていこうといった熱量をもった人は本当に見当たらない。なんとなく空気を読んで、阿吽《あうん》の呼吸で渡ってきた人が多いからです。

政治家の失言を見ていると、周囲の人が何も言わず皆〝わきまえて〟黙っている空気の中から半ば自然と失言が生まれてくるものだとわかります。日本ではこれまで、リーダーがみずからの言葉の力を磨くことがおこなわれてこなかった、そういう場もなかったのだと私は考えています。

これからのリーダーはそれでは務まりません。海外のリーダーと対話もできない。西欧のリーダーが言葉を武器にする背景には、ギリシャ・ローマ時代からのリベラルアーツの伝統があり、多様な人種、多様なバックグラウンドや主義主張を持つ人々を説得し動かすには言葉を駆使するしかないという歴史の積み重ねがあります。日本では、これまでは多くを語らずとも伝わるという暗黙の了解が成立していたかもしれませんが、時代は変わり、そんな了解は通用しなくなりました。インターネットとグローバリズムによって社会が分極化し、負の側面をさらけ出していますが、社会がバラバラになり、人々の興味関心もどんどん多様になるほど、言葉の運用力が求められるのです。

ポリフォニー（多声）

伊藤　リーダーの言葉を聞いて、自分が「この人についていきたいな」と思うのは必ずしも雄弁だからではない。人が言葉を話すとき、たくさんの声が聞こえるときがありますよね。その人がかつて会ったお年寄りの声だったり、震災のボランティアで接した被災者の声が聞こえたり、むかし本で読んだゲーテの詩の声が聞こえてくる。そういう語りは、逡巡したり、行きつ戻りつするのですが、自然と人の心を打つものがあります。

いっぽうで、みずからの言葉の中にそれに反論する声を聞きとってしまうこともあるかもしれない。それは本人にとって話しづらい状況ですが、反論を織り込みながら言葉を紡いでいく話し方には、共感させるものがあります。立派なことを言う人の多くは、自分の声だけになっているように思います。そうではなく、自分の声を揺さぶる「多声」をもつポリフォニックな人に、私は魅力を感じます。その多声性が、教養なのではないかと思います。

池上　そうですね。「この人雄弁だな、でも薄っぺらいな」と感じてしまう人が結構いますね。雄弁術だけを身につけた演説は上手そうに聞こえても、話を聞いたあとに何も残らない。それは中身がない、すなわち教養がないからです。自分語りは聞こえているけれど、言葉の多層性がない。だから、雄弁である必要はないんです。呐々《とつとつ》とでもいい、そこにいろいろな声がにじみ出てくるような言葉で語りかける、そういうリーダーに出てきてほしいですね。

リーダーも生活者

伊藤　さきほどニュージーランドのアーダーン首相の話が出ましたが、彼女はみずからのSNSで「カジュアルな格好でごめんなさい。子どもを寝かしつけたところで」と、自宅（首相公邸）の部屋からトレーナー姿のまま動画配信して国民に語りかけたことが日本でも話題になりました。その姿を見ていて、これからのリーダーは、一つの顔だけではなく、さまざまな顔が見えることも重要なのだと思いました。

一人の人間としてさまざまな面を持っているのですから、リーダーとしての顔だけでなく、家庭人としての顔、親としての顔、市民としての顔、さまざまな面が見えていいわけです。池上さんが書かれていたように、ドイツの国民はメルケル首相がスーパーで買い物をする生活者としての姿を見ていたからこそ、あの演説に心から賛同したのですよね。日本の首相はどうでしょうか。いつも同じ顔をしていて、隙がないといえばない。隙がないのでこちらも入りこめないし、心の動きがないように見えてしまいます。

池上　アーダーン首相の動画配信のすぐ後に、安倍晋三前首相も外出自粛を呼びかけるために自宅でくつろいでいる動画をSNSに配信しました。ところが、こちらは「無神経」だといって炎上してしまいました。

伊藤　アーダーン首相の生活の場からの発信には、単に自宅から発信したというだけでない、いろいろな意味が込められていたと思います。ジェンダーの問題へのメッセージも強く感じました。これまで、社会的な顔と生活者の顔、労働の顔と家庭の顔が切り離されてしまって、生活者の顔が犠牲となって社会的な顔を成り立たせてきた。生活の部分を担当するのは女性だといって、ある種搾取の上に社会が成り立ってきたことに対して、女性も男性も生活の部分を含めて社会を創っていくべきだというメッセージを感じました。

その意味で、リーダーがみずからの生活を見せるのは、重要な実践であると痛感します。数年前に、農水省の元事務次官が精神疾患を患っていた長男を、「他人に危害を加えるかもしれない」という理由で殺してしまう痛ましい事件がありました。あのとき、周囲の人たちは同僚がそんな大変な思いをしていることをまったく知らなかったという報道がなされ、私は衝撃を受けました。職場で自分の生活の困難さの話ができない、生活者の顔を見せられないのは、歪んでいると言わざるをえません。

池上　エリート官僚の、人に弱みを見せられない気質ゆえでしょうか。同僚に弱みを見せたら、いつ足を引っ張られるかわからないという、その歪んだ構造がいぜん社会に横たわっています。

自分の弱さを知っている言葉のほうが重みがある

上田　言葉を武器に機関銃を発射するように使う人はたしかに存在します。政治家はそういう言葉の使い方をしがちです。しかし一方で、言葉を聞いているうちに何か深いところでつながっている感覚がわいてきて、じわじわとつながりが広がっていくような言葉があります。リーダーがこのような「場」をつくる言葉を発せられるかが重要なのだと、お二人の話を聞いてあらためて思いました。

自分の弱さを知っている言葉は、聞く人の心に、「私が抱えている苦しみも知りながら、言葉が発せられているんだな」という感覚を呼び起こします。そこから、共感による「場」が立ち上る。それには、言葉を発する側だけでなく、聞く方にも聞く力が求められるでしょう。両者が場をつくっていくのだと思います。

高度経済成長期の上り坂の時代には、「さあ、みんなで頑張って、さらに上に行きましょう」と人々を鼓舞する強い言葉が説得力を持ちました。みずからもスーパーマンのように強靭な人の強い言葉が社会を引っ張りました。しかし成長が止まったいま、自分の弱さを知り、かつ世の中の苦しんでいる人たちの存在にも届く言葉が求められています。人々の辛苦は単に経済的指標で数値化されるものではなく、多種多様な側面があると知っていることが、リーダーには重要だと考えます。

新自由主義的なウィナー・テイクス・オール（勝者総取り）が、リーダーが取る方法ではありません。一時期、「知識を蓄え、最適解を見つける。一番になって、ビジネスで勝つんだ」というようなノリの誤った教養主義が標榜されたこともありました。

池上　ビジネス雑誌で教養特集が頻繁に組まれるなど、教養ブームといわれる状況がいまも続いています。ブームに火をつけたのは、東工大のリベラルアーツなのかもしれないのですが。

それらの教養特集では、「ビジネスに成功するためにはこんな教養を身につけなければいけません。こんな本を読みましょう」というのが決まり文句です。ビジネスパーソンたちは脅迫されるようにしてその本を買って、お勉強をするわけですね。

上田　しかし、サクセスストーリーをひたすら追い求める教養主義は、本当の意味でのレジリエンス（復元力）にはならないのです。東工大ではその前提のもと、不確実な世の中で不測の事態に見舞われても、そこから復元していく力、苦境を立て直していく力が重要だと考え、教養教育をおこなっています。

体感の言語化

伊藤　私は芸術の教員なのでそう思うのかもしれませんが、授業をしていて、自分が感じていることを体感として言語化することは、すごく難しいことだと思います。

たとえば、学生に絵画を見せて、「どう思う？」と聞きます。すると多くの人は、感じ入る前に正解を探してしまうわけです。「この絵はこういうふうに解釈できる、美術史的にはこういう価値がある」と答えることが多い。つい「正解」はこれだと示す。そこには「感じる」という心の働きはなくて、知識が先行しています。

「正解」から離れて、「自分がいま感じていること」に向き合うのは、けっこう怖いことです。間違っていると言われるかもしれないし、おかしいと言われるかもしれない。けれども、本当に大切なのは、「いま自分は何を感じているのか」を言葉にする力だと思います。

新自由主義と聞くと、私はサーフィンしているさまを思い出します。たとえばAという会社の営業からBという会社に転職するとして、すこし前までA社の製品が一番だと言っていたのが、急にB社の製品が最上だと言うわけですよね。そこには必ず何らかの喪失感があるはずです。A社にいたときに信じていた価値観を失う、いわば「傷」の経験がどこかにあるはずです。新自由主義的な社会では、そんな喪失なんて考えずに、次々とやってくる大波に乗っていこう、「柔軟性」を身につけよと言われる。そういう柔軟性は長続きしません。サスティナブルとは、過去や傷をなかったことにするのではなく、喪失感を抱えながらみずからを更新していくことだという気がします。

池上　厳しい発言ですね。じゃあお前はどうなんだと、自らに突き刺さる指摘だと思います。でも、私たち教える側も、さまざまな喪失感を抱えて生きてきたはずです。その思いを持って語りかけることが説得力につながるのではないでしょうか。

2　教養を再定義する

「人間の根っこ」を太くする

上田　現在のリベラルアーツ研究教育院の前身であるリベラルアーツセンターを創設したときに書かれた「リベラルアーツセンターの狙い」を読み直すと、当初から我々3人がこだわっていたのは、「人間の根っこ」というものでした。人間の根っこを太くしていく、それがリベラルアーツだと考えた。そう考えた背景には、いま伊藤さんが話されたことがあったわけです。

根っこなんてどうでもいいから、どんなところに行っても花を咲かせましょう、突然移植されてもそこでとにかく花を咲かせましょう、というノリが世間を覆っていました。

「即戦力」という言葉がもてはやされて、大学でもその要請にさらされてきたのがこの20年です。大学は、花を咲かせることにこだわって、自分の根っこがどこにあるのかもわからない人間ばかりをつくってきたことに気づかされます。

渡辺和子さんの『置かれた場所で咲きなさい』（幻冬舎、2012年）というベストセラーがありますが、この本が「ブラック企業に行っても、置かれた場所ではありがたいと言って成果を出しなさい」と誤読されたほどでした。どんなところでも文句を言わずに働け、なんて渡辺さんは言っていません。置かれた場所に根を張って、幹を太くして、そこで花を咲かせていくのだと理解しています。

根っこを太くするには当然時間がかかります。20代でわかることもあれば、30代になってわかることもある、家庭をもってはじめてわかることもある。人生は、いろいろな養分を吸い上げながら根っこから醸成していくものだと、大きな時間軸を手に入れることが大事だと思います。

伊藤　たしかにいまの時代、刹那的な考えが蔓延しています。短時間で評価するシステムになっている。誰もが数字による評価に晒《さら》されるいまだからこそ、べつの評価軸を持つことが重要で、それが「教養」なのだと思います。

本を読むことの多面性

上田　伊藤さんからさきほど「柔軟性」という言葉が出ましたが、柔軟性について最近、面白い体験をしました。学士課程のゼミ合宿でのことです。合宿では夜を徹して議論するのですが、終盤では各自が抱えている問題を言い合い、みんながそれに答える時間があります。

そこで１年生の女子学生がこんな話をしました。彼女はもともと本を読むのが好きで、文学や哲学の本も好んで読む学生でした。立志プロジェクトで池上さんから「１年で１００冊、４年で４００冊読みましょう。そんなに読めない人は４年で２００冊、つまり１年に50冊、１週間に１冊は読みましょう」と言われたから、コツコツ目標に向かって読み進めていったそうです。そうすると、本格的な哲学書などは読むのに２～３週間はかかってしまうので、これでは年間50冊にも届かないと思い、そういう本は避けるようになったと。図書館ですぐに読み終えられそうな薄い本を次々と借りて、とにかく年間１００冊を目指して読むようになってしまったというのです。

池上　あっちゃ～、なるほど。

上田　そしてあるとき、ハタと気づいたというんですね。「これは本末転倒なんじゃないか!?」と。そこから、元の自分の読書に戻って、自分が本当に読みたい本を選び、それを何回も読むスタイルに変えました。読書ノートをつくって、いい言葉をどんどん手書きで書き留めていくようにして、合宿ではみんなの前で朗読してくれたりしました。その話を聞いて、そうかと思いました。柔軟性とは、こういうことなのだと。

我々教師は、「50冊読みなさい」と言う。それを言わないと、1冊も読まない学生がいるので、まずはそう言います。そしてとにかく週1冊、年間50冊読めば、自分の好きな分野がどこなのか、自分にヒットするのはどんな本か、おおよそ見当がつくようになる。だからまずは数をこなすことが大事で、とにかくどんどん読んでくださいと、我々は言うわけです。

すると、真面目な東工大生は言われた通りその冊数を読もうと努力する。50冊とか100冊と提示される量的な目標をクリアしようとする。しかし、なかには、彼女のように途中で「それではまずいのではないか?」と気づく人もいるわけですね。ただ、それも冊数をこなすという読書体験をしてみてはじめて、自分の読書スタイルに気づくことができたのであり、そこまでいったのは頼もしいかぎりです。柔軟性とは、さっき伊藤さんが言ったように、サーフィンのごとくすいすい世渡りをしていく技などではなく、こういうふうにして養われていくのだろうと思いました。

池上　すごいですね。私の言葉を聞き流さずに、実践したのはさすがです。そこからさらに質の高い読書体験へと移行していったのですから。

でも次からは、「50冊読みなさい」、「１００冊読みなさい」と言うだけではなく、もう少し表現を変えないといけないないなと思います。

上田　東工大生のなかにも本好きな学生はたくさんいます。少人数ゼミの学生で、ひたすら文豪文学を読んでいる子がいましたが、彼女も相当にすごい。彼女が大学1年の時のゼミ発表で、「みんな、谷崎潤一郎の『痴人の愛』って読んだことある？」と言って、「このなかに出てくるエリート技師って、みんなの先輩なんだけど、知ってた？」と言うのです。主人公の美少女・ナオミに翻弄され、ナオミの奴隷のようになって破滅していく河合譲治は東京高等工業学校出身。つまり蔵前にあった時代の東工大を出たエンジニアだという登場人物です。それを男子学生に知らせてあげるというのもどこかナオミ的なんですが、男子学生たちも何も言えず、「うううう……」ときまりが悪そうにしていました。

池上　そうなのですね。でも東工大生で、文豪の小説をひたすら読んでいる学生がいるのは珍しいというか、とがっていますね。

上田　彼女の本の読み方はたしかに相当とがっていて、長編を読みだすと3日くらい何も食べないで読みふけってしまうらしい。彼女が3年生になっての教養卒論（立志プロジェクトの最終課題）では、「中島敦作品における総題の考察」で優秀賞を受賞しています。生命理工学を究めつつ、中島敦について優秀論文を書いちゃう。そういうとがった学生がいること、そして長所を活かして論文を書ける学生が出てきていることは嬉しいですね。

多様な知識を運用する教養

池上　これは第1章にも書いたのですが、教養とは「多様な知識を運用する力」だと私は思っています。伊藤さんも、教養とは知識の量ではないという話をされましたが、その通りだと思います。

いまの時代、いわゆる「物知り」はたくさんいます。とくに最近は東大生ブームで、東大生がクイズでありとあらゆることに答えていくクイズ番組がありますね。それはそれでいいのだけれど、「物知り」合戦、教養の有無とはべつの単なる知識の集積に見えてしまう。

教養とは、集積している知識を縦横無尽に引っ張り出してきて、目の前にある問題の解決に使うことです。たとえば、今回のコロナ禍のように、何か大きな出来事が起きたときに、歴史をアナロジーで見て、過去の出来事との類比から解決の方策を推論するといったことができるかどうかです。未知の物事に対して、既知の物事をあてはめてそこから何かを学ぶことができるかどうか。その力が教養だと思うのです。

いま世界中が未知の感染症におびえているのですが、過去の歴史を振り返ると、14世紀のヨーロッパではペストが大流行し、たくさんの人が亡くなり、都市は壊滅的な打撃を受けました。いつ誰が死ぬか分からない状況のなかで、「メメント・モリ」（死を思え）、つまり自分がいつか必ず死ぬことを忘れるな、という意味の警句が人々の間で使われるようになった。ペストを経験して、ヨーロッパ人の間で驕ってはいけないと、人間の生き方に対する謙虚な思いが生まれました。一方で、どうせ死ぬのだったら、この人生を楽しもうとの思いが原動力となってルネサンスが開花しました。

感染症によって世界が大きく変わったことを、歴史を通して知ることができれば、コロナ禍によって人間の生き方もあるべき方向に変わるかもしれないと未来を構想することができます。死についての考え方がこれからどう変わっていくのかを見きわめていくことだってできるでしょう。

上田　過去の歴史から現在、そして未来を見るというパースペクティブは重要ですね。

池上　実際、コロナ禍に直面することで、私たちは教養とは何かを考えることが増えています。

たとえば、「エビデンス」という言葉が頻繁に使われている。新型コロナは未知の感染症ですから、エビデンスなどありません。菅総理が「ＧｏＴｏトラベル」に固執していたことに対して、感染が拡大するなかで「ＧｏＴｏトラベル」はやめた方がいいという批判が高まった。そのとき、菅さんは「『ＧｏＴｏトラベル』によって感染が拡大しているというエビデンスはない」と言いました。えっ、ここで「エビデンス」を使うのかと、私は耳を疑いました。エビデンスがないなんて、当たり前ですよね。だって、「ＧｏＴｏトラベル」によって感染が拡大したかどうかの検証がおこなわれていないのですから。検証がなければエビデンスがないのは当たり前。にもかかわらず、「『ＧｏＴｏトラベル』が感染を拡大しているエビデンスはない。だからやってもいいんだ」というロジックでした。これは明らかに論理的に破綻しています。

本来は、検証していないので「わからない」と言うほかない。あるいは、「ＧｏＴｏトラベル」を始めてから感染が広がった事実から、相関関係がある可能性は否定できないと考えるべきです。物事をそのように論理的に考える力がないと、あのような発言になってしまう。文系のリーダーはもっと論理的な思考力を身につけなければ舵取りを誤ります。

理系の連関思考を発動せよ

上田　多様な知識を運用することとは、一つの出来事を、時空を超えたところの別の出来事と結びつける、「連関を考える力」です。

池上さんが立志プロジェクトで話されたエピソードですが、日本は太平洋戦争のとき、上官はよく「負けることなど想定してはいけない」と命令していたと聞きます。これはまさに「連関」を遮断せよという圧力ですね。勝利するというプランＡ以外は考えてはいけない。この戦いで負けたらどうするといったプランＢ、プランＣを言った人間は、「お前がそんなに弱気だから負けるんだ」とか、「不吉なことを言うな」と、この組織にそんな奴はいらない、非国民だといって、結局は敗戦へ突き進んでいくわけです。

延期された東京オリンピックの開催についての議論を眺めていても、「オリンピックはやめましょう」なんて言ってはいけないという同調圧力が見受けられます。物事をさまざまな連関の中で見る力は、明らかに低下しています。太平洋戦争の時にあった同調圧力が70年以上経ったいまも残っていて、オリンピックという一大事業について議論するときに発動されるような国に、現在自分たちはいるのです。

伊藤　いまは「一般解」が成り立ちにくい時代です。たとえば地方再生で、どの地域にも通用する町おこしは存在しないですよね。地域ごとにそれぞれ特色があって、「こうやれば成功する」という定石はない。そのときに、いろいろな成功例や失敗例を参考にしながら、自分たちの地域に合った方法は何かと「個別解」を探求するためには、「連関を考える力」が重要ではないかと思います。他の地域での試行錯誤や事例を上手に翻訳して、自分たちが使えるようにする力です。

たとえば、ある障害者が、共通の障害を抱えている人と対話するよりも、違う障害を抱えている人と対話したほうが、発見が多かったりする。「盲導犬と自分」の関係が、「義足と自分」の関係に近く感じられ、とても参考になったと聞いたことがあります。

異なるからこそ、うまく翻訳されることで、「それすごくわかる！」とひざを打つような共感が生まれることがある。二つの物事が遠いことで、抽象的に理解できることもあります。連関をつくっていったときに、新たな発見が見えてくるのですね。

池上　東工大生は本当に頭がよくて、いろいろな知識が頭に詰め込まれている。とくに理系の学問についてはたくさんのことを知っている。けれども、個々の知識が並んでいるだけではだめで、それらをつなげるヒントを与えるのが、私たちリベラルアーツの教員の役割だと思っています。

上田　連関させる思考は、じつは理工的な思考でもある。いまこそ連関思考を発動せよと言いたい。

ギークのとがった感性

伊藤　最初のほうでお話ししたメタファーも、知をつなげる触媒と考えると、連関思考なのだろうと、いまお話を聞いていて思いました。そこでちょっと面白い話を思い出したので、紹介させてください。

東工大の科学技術創成研究院に田口英樹先生というタンパク質の反応などを研究され

ている先生がいらっしゃいます。池上さんとも『池上彰が聞いてわかった生命のしくみ』（朝日文庫）という本を出されていますね。田口先生は、タンパク質の中でも「シャペロン」というタンパク質の専門家です。タンパク質、多数のアミノ酸が鎖状に連結して、それが綺麗に折りたたまれて（フォールディング）、さらに折りたたまったものが立体的に組み合わさって1個のタンパク質として成り立っている。シャペロンは、その折りたたみを助けるタンパク質なのですね。つまり、折りたたまれていない状態のタンパク質に結合して、折りたたみを適切に促す役割を果たします。それ以外にもシャペロンはタンパク質が正常に機能するよういろいろな補助をするらしく、田口先生のホームページには、「ゆりかごから墓場まで」シャペロンは面倒を見ます、と解説されています。

そんな田口先生は、何を見ても「これはシャペロンではないか」、「これもシャペロンに似ている」と、シャペロンに見えてしまう人なのです。樽《たる》形のパズルやサボテンやニンニク、京都の東寺の紋までもがシャペロンのようだと言って、それらとシャペロンがどんな類似性をもっているかをブログに書かれている。その視点がとても面白く、これこそとがった専門知から湧き上がる教養だと思いました。

そうしたら、あるとき田口先生から連絡をいただいて、「シャペロンって、じつは

「利他」なんじゃないかと思っているんだよね」とおっしゃるのです。私がセンター長をしている未来の人類研究センターが「利他」をテーマにした研究プロジェクトをすすめているのを知って、連絡をくださったのです。それを聞いて、田口先生には「利他」すらもシャペロンに見えるのかと感動しました。

「シャペロン」とは元々、ヨーロッパで社交界にデビューする若い女性に付き添い、社交の礼儀作法を指導する侍女を指す言葉だそうです。そこから転じて、タンパク質が生まれてから、そのポテンシャルが発揮されるまで付き添う役割の分子がシャペロンと名付けられました。細胞の中はけっこう混み合っているらしく、変な分子とくっつかないようにするというのが、未婚の女性に変な男が近づかないようにするシャペロンと似ていて、正常な構造を獲得して一人前のタンパク質になることを、淑女の社交界デビューになぞらえたわけです。サイエンスの世界に文学のメタファーが入っているのですね。

そういう見方に対して、「西洋の人たちは、シャペロンというメタファーでタンパク質を理解したけれど、実は「利他」と考えたほうが見えてくることが多いのではないか」と、田口先生は言われました。田口先生の頭の中で、まったく関係ない利他とシャペロンが、パッと組み合わさったのですね。それはすごく良い意味でオタク的な発想で、ある分野を深く探求すると、そのとがった視点から見れば異質なものの間に何らかの関連が見いだされることがある。これは、一般的な「知識の集積」という教養のイメージとは異なり、なんでもそれに見えてしまうというタイプのギーク的な教養を、私は田口先生から感じました。利他も、シャペロンから見たら違う側面が見えてくるなとの発見を得ました。知識と知識の連関はそうやって起きる。

ギークとかオタクと呼ばれる人たちは、一見偏った知識しかない、特定の文化や背景を背負ってしまっている人だと思われますが、独特の視点だから見えることがあります。自分の視点の偏りをむしろ強みにしていく、さらにとがらせていくことで他の人に見えないものが見えてくること。それが教養の重要な側面であると思います。

上田　それは「個別化の飛躍」だと言えますね。科学技術は、どうしても「普遍であること」、「ユニバーサルであること」を求めてしまう面があります。しかし、普遍化、標準化、国際化といった方向性には資本主義の論理がはりついていることがあり、東工大のような日本では裕福に見えていても世界レベルで見れば経済基盤が貧弱な大学は、その方向で頑張れば頑張るほど、たとえば世界の大学ランキングではむしろ順位が落ちていくという皮肉な結果になったりします。当然ですよね、ＭＩＴには物量で絶対に勝てないので。そこに、普遍化や標準化の罠のようなものがある。

だとしたら、むしろ自分たちが目指すべきは、個別化の方向だったり、オリジナルを構築することだったりするのではないかと思います。とがるというのは、まさに個別化を言い表していると思いました。メタファーが大事なのも、メタファーをとおして、標準化された言葉にフックをかけることによって新たな意味を創出していく。異質なものが組み合わさる、そのあわいにダイナミックな意味が創出されて、単一的な意味が多義的になる。そこにエネルギーが生まれる。そういうものを生み出すためには、自分はどういう表現者であるのか、感覚を日頃から研ぎ澄ましておく必要がありますね。

3　高貴なる者の義務

他者の痛みが自己を回復させる

上田　東工大に入学した人の多くは、小学校のときから塾や習い事や家庭教師など、ものすごい教育投資を受けて大学まで来ています。「だから、君たちは、５００メートル走でいえば、最初のスタート地点でもう200メートルくらい前からスタートしているも同然です」と、ゼミ合宿で学生たちに言ったら、入学して半年の1年生から反論されました。「僕たちが努力して、頑張って東工大に入ったことが、何か否定されているような気がする」と。

そこで私は「ノブレス・オブリージュ」について話をしました。ノブレス・オブリージュを直訳すると、「上級国民の義務」のように聞こえてしまうことがある。たしかにかつては、身分の高い者はそれに応じて果たさねばならぬ社会的責任と義務があるという西欧社会の道徳観を、その言葉は表していたのですが、我々は21世紀版のノブレス・オブリージュを模索していかなければならない時期に来ていると考えます。そこで基本となるのは、先ほども述べたように、「人の痛みがわかる」という共感力、恵まれていない人がいる、苦しんでいる人がいることへの認識だと思います。

池上　大学入学までを500メートル走にたとえたら、そもそもレースに参加できない人たちがいますからね。日本の中にもいるし、世界に目を向ければ想像を絶するほど多くのそういう人たちがいる。この認識に立ってはじめて、自分たちがどれほど恵まれているかに気づくとともに、みずからが享受する環境に感謝できるわけです。だからこそ、恵まれた環境で得た力を社会にどのように還元するかを、考えなければならない。

上田　自分の生き方を、自分のみならず他者の人生も統合していくことが、ノブレス・オブリージュの意味だと思います。これは、「私とは何か?」と自分のアイデンティティーを問うことに他なりません。社会の多様な現実を、自分事として引き受けていくという構えだと思うのです。他者の痛みや生きにくさに向き合い、それを引き受けることで、逆に自らの弱さや優しさにも気づいていくという自己回復のサイクルが回り始めるのです。

ゼミ合宿の最後にメンバーが一人ひとり合宿の感想をシェアしたんですが、「自分が否定されている気がする」と言った学生が、「今回の合宿でいちばんガツンときたのは、「ノブレス・オブリージュ」を知ったことです」と言ったんですよ。最初に伊藤先生が言われたことにも通じますが、「自分から見た志」という視点から、より大きな世界から見た「志」に転換したときに、最初は自分への否定と見えていたものが、より大きな肯定や励ましにつながっていくということなんじゃないかと思うんです。

伊藤　他者の痛みを引き受ける、受けとめるためには、自分のなかにスペースを持っていることが必要ですね。いま私が研究している「利他」とは、たぶんそういうことなのではないかと最近考えています。

利他というと、一見能動的な行為に思えますよね。「この人を助けましょう」とか「あの人に善行をしましょう」と。でも、能動性は案外他者をコントロールしてしまいがちで、「喜ぶだろう」と思ってやったことが実際には本人が望んでいないことが多い。結局、単なる自己満足で終わる。つまり、他者を私が助けるのだという能動的行為は利他ではない。

では利他とは何か。それは、他者を信頼することだと思うのです。信頼とは、この人がどのように振る舞うか分からないという不確実性があることを知りながら、その人に任せることです。安心は、不確実性をなくそうとすることですから、他者をコントロールすることになりやすい。でも信頼はそうではありません。この任せることによって相手から潜在的な能力がひきだされることが「利他」なのではないでしょうか。

それは能動的な行為というより、自分の中に受け止めるためのスペースを持つという受動的な構えでもあると思います。リーダーにこそ、自身の中にそういうスペースを持っていてほしいですね。

上田　なるほど。21世紀のノブレス・オブリージュと利他はそういうふうにつながるのですね。

受け取り上手になれ

伊藤　ところが最近の若者たちを見ていると、受け止める以前に、受け取ることが下手になっていると感じます。研究室の学生と話していたら、「自分が好きな人から「好きだ」と言われるのが辛い」と言うのです。どういうことかと聞くと、「こんな素晴らしい人に好かれる価値は自分にはない」とか、「いまは好きだって言ってくれているけど、数か月後には変わってしまうかもしれないから、それが怖くて嫌だ」とか。背景はいろいろあるのですが、どうも自己肯定感が低すぎて、人からの善意や好意を受け取れないらしいのです。それとセットになっているのが、人間関係を「貸し借り」で捉える感覚で、これにはジェンダーの平等とかも絡んでくるように感じます。

たとえば、恋人が何かしてくれたら、それは「自分はこれだけの借りをつくってしまった」と思ってしまう。だから、今度はその借りを返さなければならないとプレッシャーを感じ、その借りが混んできて返せなくなると別れるらしいのです。それを聞いて、すごくしんどいなと感じました。人間関係がすべて貸し借りで、帳簿つけながら生きているような感覚です。

池上 バレンタインデーにチョコもらったから、ホワイトデーに返さなくちゃ、が膨張したような話ですね。

伊藤 「クリスマスにもらった彼からのプレゼントが精神的に重くてしょうがない」とも聞きました。

上田 聞いているだけで、辛くなってきますね。

伊藤 そこからリーダー論につなげてみると、受け取り上手でないとそもそもリーダーにはなれないと思うのです。貸し借りの感覚とは関係なく、きちんと受け取ることのできる人が、リーダーになっていくのではないかと思う。

そもそも人から何かしてもらうことに、きっかり返すことなどできないですよね。たとえば、大学時代の恩師が自分にしてくれたことは全然返せていない。利他は貸し借りを超えたものだと信じているからこそ、全身でそれを受け取れる。そういう感覚がないと、今度自分が与える側になったとき、本当に無償で与えることなどできないですよね。損得勘定ではなく、きちんと人のために行動できるのは、逆説的に「受け取れる人」なのではないかと思っています。

過剰さが引き寄せるもの

上田　社会学や文化人類学には「交換論」（社会的交換理論）という分野があります。社会学者のマルセル・モースや文化人類学者のクロード・レヴィ＝ストロースが言っていることなのですが、交換にもいろいろあって、いま伊藤さんが若者たちを例に言ったような、「この人にこれだけもらったからここに返さなきゃいけない」という二者間関係における交換を「限定交換」といいます。それに対して、「一般交換」というのがあって、こちらは私がある人から何かもらって「どうもありがとう」と言うのだけれども、その恩はその人に返すのではなく誰か他の人に返していく交換があるという考え方です。すなわち他の人にそれを贈与していくのですね。そうすると、与えられた人がまた他の人に贈与していく。

伊藤さんが言われた、恩師からもらったものは、恩師に直接返すことはできないけれども、それは別の形で別の人に返していくことになる。教育はそもそもそういう仕組みの上に成り立っています。私たち教員であれば、恩師から受けたものは、いまの学生さんたちに緩やかに託していくことになる。

この交換理論から見ると、いまの学生たちは「限定交換」の呪縛にさいなまれているように感じます。そうだとすると、私たちが託したものが、次の人たちに託されていくか、不安になりますね。

伊藤　多分、恩師は私に何かを与えたつもりなどないと思うんですよね。教師として当然のことをしただけだと。上田さんも池上さんも、学生から「3年前に先生に言われたこの言葉がすごく心に残ってます」というようなことを言われたことがあると思います。でも、こちらは全然覚えてない。そんなものだと思います。いまの学生たちにとって、贈与や交換、人間関係がすべて可視化されているように感じます。

上田　それはおそらく大学生にかぎらず社会全体がいま、「限定交換」という限定的で経済的な二者間関係の貸し借りのような世界観に覆われているからでしょう。自分と相手しか見えなくなっている状態です。そこをどうにか開いて、「連関」とか「時空を超えて」といった視界で世界を見られるように、私たちも手を差し出すようにしないといけない。

リベラルアーツ教育に「志」という、一見すごく青臭いことを掲げているのは、そうした狭量な限定交換の考え方に社会全体が収斂していくことへの抵抗でもあります。志とは、自分で必死に考えたら出てくるものではなく、ましてや何かと交換して得られるものでもない。ある日突然、何か天命が降りてくるものかもしれない。何か過剰なものを持っている生き方のなかでこそ、偶発的に想定の外から、人生の意味深さに気づかされる瞬間が向こうからやってくる。「運命の紐を引っ張る」とよく言いますが、普段から視野を広げて探している人のほうが紐を引っ張る力は強いのではないかと思います。

地方の熱狂と熱量

伊藤　いま上田さんがおっしゃった「過剰さ」はいまの若い人たちは持ちにくくなっているでしょうね。

上田　大学教育もすべてをシステム化、標準化して、公平に、平等に、という方向に進んでいるので、放っておくとどんどん過剰さ、熱量は失われていきます。でも、熱い生き方をしている学生はいなくなったわけでは決してない。かつて、私は文化人類学の授業で、それを確信するような体験をしました。

宗教を取り扱う授業では学生たちに、さまざまな地域にいまも残るお祭りが世界の、そして日本の地域でもどれだけ重要かという話をします。いま東工大生の大多数は首都圏の家庭で育っているので、そういう学生にとって、地方の祭りの話は関心を持ちにくい。ところが、あるクラスで山口県出身だったかの学生がいて、祭りの話をした途端に彼の目が輝きだしました。そして「僕は自分の町の祭りで、年に1回神輿を担ぐことが人生で何よりも大切なんです」と言うのです。「小さい頃から仲間とずっと神輿を担いできて、日本の中のどこで生活していようが、祭りのときにはみんな地元に帰って、神輿を担ぐ。そのときの熱狂と解放感、その余韻で僕は1年の残りの360日を過ごしている」と言って、「神輿を担がなければ自分じゃない」と断言したんですよ。首都圏の都会育ちの学生たちは「うぉっ、この教室にそんなやつがいるのか!?」と、みんなびっくりしたわけです。

びっくりすると同時に、「自分にとってそういうものあるのか?」と、みなわが身を振り返っていました。1年に1回でも、そんな熱狂に身を投じる場がある生き方をしている人はそうそういないですよね。「東京が一番で、東京にはすべての情報が集まっている。地方ではできないことが東京ではできるからすごいんだ」と思っていた東京と地方の優劣が、そこで一気に逆転したわけです。

池上　地方の公立高校から来ている学生は、首都圏の中高一貫校から来る学生とは印象が違いますね。地方の公立高校にはいろいろな生徒がいます。自分とは異なる境遇の人たちをたくさん知っている。地方の恵まれない環境に身を置いた人もいるでしょう。自分より学力が高くても家の事情で東京の大学に進学できない仲間がいることを知っている人もいるかもしれない。そういう経験が、均質性が高い中学・高校生活を送ってきた首都圏の学生たちには大いに刺激になるのではないかと思います。

たとえば、東京オリンピックに関して、島根県の丸山達也知事が2021年2月に、オリンピックの聖火リレーを島根県内では中止を検討すると言い出した。新型コロナ対策が不十分だというのが理由でした。これを聞いて、「島根がなぜ東京の五輪に異議を唱えるのか」と思うか、「そうだよなあ、島根県にしてみれば迷惑千万だよなあ」と思うかは大きな違いです。たとえば島根県の松江北高校から来ていた学生であれば、その意味をすぐに理解できたかもしれません。東京だけを基準に考えていると、見えないものはたくさんある。みなが同じ考え方ではないと、地方の公立高校から来た同窓から知るだけでもよいことだと思います。

上田さんと一緒に視察に行ったアメリカの女子大学であるウェルズリー大学では、50の州のうちノースダコタ以外の全州から学生が来ていると、私たちを案内してくれた学生が言っていました。驚きましたよね。こうしたダイバーシティーによって、目が開かれることはあるはずです。東工大にも、全国各地から、あるいは世界各地から、いろいろな学生が入ってきてほしいと思います。

上田　オートファジーの研究でノーベル生理学・医学賞を受賞した大隅良典先生が、「大隅良典記念基金」を設立されました。大隅先生の思いは、「首都圏からだけでなく、地方からも多くの学生がこの東工大に集まってほしい」ということでした。地方からの伸びしろいっぱいの学生たちが本学を切り開いていくのではないかと、確信されているのではないかと思います。

池上　大隅先生の奨学金には、「ファーストジェネレーション枠」がありますね。これは、家族の中で初めて大学に入った学生を対象にした奨学金です。親が四年制大学とは無縁だった家の子が、家族で初めて大学に進んで学ぶ、それを助けるための奨学金なのですね。これを知ったとき、なんて画期的な制度だろうと思いました。

上田　さすが大隅先生はやはりただ者ではないですね。

東工大には他にもさまざまな奨学金制度がありますが、国立大学としての使命が感じられますね。アメリカのカリフォルニア大学バークレー校に視察に行ったときに、バークレーの先生が言った言葉を思い出します。「サンフランシスコ湾を隔てた向こうにはスタンフォード大学がある。貧しくてスタンフォードには行けないけれども、綺羅星のような輝きを秘めたダイヤの原石のような子たちを、私たちは教育している。そのことに誇りを持っている」と、胸を張っていました。

東工大も、国立大学としてそういう誇り高き教育をおこなっていかなければと思います。現在の東工大が、年収が高い家庭で多くの教育投資をされてきた学生が入る大学の一つになっているとしたら、それを時勢のせいにしていてはいけないと思います。はたして国立大学としての使命を果たせているのかと見直していくことも必要です。

すべての年代、世代の人に伝えたいこと

池上　最後に読者のみなさんへのメッセージとして私から伝えたいことは、大学生そして若い世代の人たちには、「わきまえるな」と言いたいのです。昨今、とにかく「みんなわきまえて」という圧力が強い。それが日本社会をおかしくしているのは間違いない。そのことに若者はもっと抵抗して、圧力をはねのけていってもらいたい。ですので、「わきまえるな」というメッセージを送ります。

それから、子どもを育てていたり、あるいはこれから子どもを大学に送ることを考えていたりする親のみなさんには、子どもたちを「丸く削るな」とお願いしたいと思います。人とうまくいかなかったり、ちょっと変わっていたりする面があると、すぐに「空気を読みなさい」、「世間のことを考えなさい」とたしなめる。そうやって、せっかくとがっているところをいつしか削ってしまっているのです。とがった原石を、削って丸くしないでほしい、それが私からのメッセージです。

上田　私からは、東工大の改革を推し進めてきた気概として、とがる人を育てるためには、まず自分自身がとがっていなければならない、ということですね。とがっていれば、当然ぶつかることも多いわけですが、とがりを削ることなくむしろ研ぎ澄まして、勇気をもって進んでいくことが大事です。自分がとがっていなければ、人をとがらせることはできません。また、そうしていると、不思議ととがった人たちとの出会いが連鎖していくものです。

東工大の改革では、三島良直元学長、そして教育・国際担当理事だった丸山俊夫元副学長といった、私の人生を大きく変えるようなとがりを持ち、それでいて人間味あふれる人たちが、まさに惑星直列のごとく、ある時期一直線上に並んで、改革を一気に推し進めてきました。

もちろん改革はまだまだ道半ばで、三島学長退任後の現執行部は、揺り戻し的にシステム派が勢ぞろいして大学の経営改革を進めている。資金調達とシステムの整備の話が多くて人間的な声はあまり聞こえてこないようなところもあります。ただパッション派とシステム派は交代で登場してその使命を果たしていくことで、時代を先に進めていくんですね。どちらか一方では進まないところもあるんですよ。だから、私たちはその先の時代を見通して、とがったリーダーの育成を目指して、みずからとがった存在でありつづけようと考えています。

何かを変えたい、もっと良いものにしたいと思うのであれば、とがるリーダーにみずからなっていくことです。それはすべての年代、世代の人に伝えたいことで、還暦でとがるリーダーになってもいい、70歳のとがるリーダーがいてもいい。そういう世の中になってほしいと思います。

伊藤　私からは、そうですね、いろいろ口で言えても、リーダーは実際にやってみないとわからないものだと思うんですね。とがるリーダーも、行動のなかにしか実在しないのだろうという感じがしています。組織でもコミュニティーでも、なんのための組織なのかという大きな目的、志があって、そのなかでリーダーはある意味つくられていくものでもあると思います。実際に動きながら、その行動のなかに、リーダーが現れてくるのであって、言葉でこうあるべきとはなかなか言えない。だから、ここぞというときに一歩踏み出し、行動しながら、あるべき姿を見つけていくことが大事なのだろうと、そんなふうに思います。

そういう意味では、他者と関わることで引き出されていく可能性に対して、自分を開けるかどうかが重要なのかもしれません。巻き込まれる力というか。どこでも通用する普遍的な解というものがない時代だからこそ、この個別の状況のなかで身が動くという感覚が重要なのではないかと思います。

あとがき

私たち3人を出会わせた「リベラルアーツ」は、この10年で一気に市民権を得た言葉になりました。その震源地の一つが東工大という理工系大学だったとは、驚いた方も多かったことでしょう。

しかし「東工大発リベラルアーツ」には時代の必然がありました。池上さんを東工大に引き寄せた東日本大震災と原発事故では、理系と文系の両方を熟知したリーダーが求められていました。現代社会の中心課題である地球環境問題やエネルギー問題、遺伝子治療の最前線等々でも文理の知の統合が必須です。科学技術の最先端大学だからこそ、東工大には強力なリベラルアーツ教育が求められていたのです。

そしてリベラルアーツとは「人材」ではなく「人間」を育てる教育です。「マネジメント人材」、「グローバル人材」、「IT人材」、「AI人材」……世は「人材」の大流行です。多くの大学も生き残りのために「人材育成」を声高に叫んでいます。しかし「いま評価が高いからAI人材になろう」では情けない。あるときは「〇〇人材」ともてはやされ、その時代が去れば使い捨てになっていく……その繰り返しからは真のイノベーションは生まれないでしょう。そして幸せな社会を築くこともできないでしょう。東工大は優秀な「人材」を生み出す大学というイメージがあります。だからこそ、むしろわれわれは「人間」にこだわりました。自分自身がほんとうに何をやりたいのか、自分をどこで輝かせたいのか、世界の何を変えたいのか……、そうした自分の思い、世界への思い、「志」を大切にしたいのです。

4人でスタートしたリベラルアーツセンターはリベラルアーツ研究教育院となり、60人を超える組織となりました。その教員達の士気の高さと、自分の学部や部局の利益を超えて大学全体に貢献したい、世界に力を与えたいという強い思いが、東工大リベラルアーツ教育を支えています。ここまで一緒にこの改革を築き上げてきた仲間達に心からのありがとうを伝えたいと思います。

そしてこの一大改革の中心におられ、病を得て亡くなられたお二人の先生方にも、お名前をあげさせていただき、感謝申し上げたいと思います。「東工大立志プロジェクト」の生みの親、梶雅範先生、そして理事・副学長の丸山俊夫先生です。梶先生が亡くなられたのは、病をおして初年度の「東工大立志プロジェクト」の担当を務めていただいた直後のことでした。私の人生を一転させたメンター、丸山先生は理事を退任後の2020年2月に突然の病で亡くなられました。お二人の溢れるパッションは、今も東工大の教育のど真ん中に息づいています。

「とがったリーダーを育てる」東工大の試み、それは他の大学にも、中学高校にも、そして日本社会全体への、私たちの全力投球のメッセージです。まだまだ至らないところは多々あれど、ぜひ「志」ある仲間として、その思いを受け取っていただければと思います。勇気と希望とパッションを。それは学生だけではなく、私たちひとりひとりのリベラルアーツが問われているのです。

上田紀行

リベラルアーツ研究教育院のウェブページには、個性溢れる東工大リベラルアーツ研究教育院教員全員のインタビューが掲載されています。
https://educ.titech.ac.jp/ila/faculty/interview/

また、池上、上田、伊藤をはじめとしたリベラルアーツ研究教育院教員14人が中高生向けに「大学での学び」について書いた『新・大学でなにを学ぶか』(岩波ジュニア新書)では大学での学びの魅力について、最新の多様な知見を知ることができます。

ラクレとは…la clef=フランス語で「鍵」の意味です。
情報が氾濫するいま、時代を読み解き指針を示す
「知識の鍵」を提供します。

中公新書ラクレ
738

とがったリーダーを育《そだ》てる
東工大《とうこうだい》「リベラルアーツ教育《きょういく》」10年《ねん》の軌跡《きせき》

2021年 8 月10日発行

著者……池上《いけがみ》 彰《あきら》　上田《うえだ》紀行《のりゆき》　伊藤《いとう》亜紗《あさ》

発行者……松田陽三
発行所……中央公論新社
〒100-8152 東京都千代田区大手町 1-7-1
電話……販売 03-5299-1730　編集 03-5299-1870
URL http://www.chuko.co.jp/

本文印刷……三晃印刷
カバー印刷……大熊整美堂
製本……小泉製本

Published by CHUOKORON-SHINSHA, INC.
Printed in Japan　ISBN978-4-12-150738-9　C1237

中公新書ラクレ　好評既刊

L599
ハーバード日本史教室
佐藤智恵 著

世界最高の学び舎、ハーバード大学の教員や学生は日本史から何を学んでいるのか。『源氏物語』『忠臣蔵』から、城山三郎まで取り上げる一方、天皇のリーダーシップについて考えたり、和食の奥深さを学んだり……。授業には日本人も知らない日本の魅力が溢れていた。アマルティア・セン、アンドルー・ゴードン、エズラ・ヴォーゲル、ジョセフ・ナイほか。ハーバード大の教授10人のインタビューを通して、世界から見た日本の価値を再発見する一冊。

L653
教育激変
――2020年、大学入試と学習指導要領大改革のゆくえ
池上　彰＋佐藤　優 著

2020年度、教育現場には「新学習指導要領」が導入され、新たな「大学入学共通テスト」の実施が始まる。なぜいま教育は大改革を迫られるのか。文科省が目指す「主体的・対話的で深い学び」とはなにか。自ら教壇に立ち、教育問題を取材し続ける池上氏と、「主体的な学び」を体現する佐藤氏が、日本の教育の問題点と新たな教育改革の意味を解き明かす。巻末には大学入試センターの山本廣基理事長も登場。入試改革の真の狙いを語りつくした。

L666
立て直す力
上田紀行 著

相次ぐ企業の偽装事件、ストレスで心身を病む会社員、つづく役人の文書改竄・不適切調査、そして長すぎる老後への不安。なぜ、こんな世の中になってしまったのか？　本書は社会のさまざまな「壁」を前に立ちつくし、苦悩を抱えて生きるすべての人に向けて書かれました。著者がフィールドワークで発見したスリランカの「悪魔祓い」、偉大なる仏教思想家や志ある宗教者たちの言葉などを通して、生きる哲学としての「立て直す力」を熱く提言します。